팔리는 기획,
살아남는 브랜드

팔리는 기획,

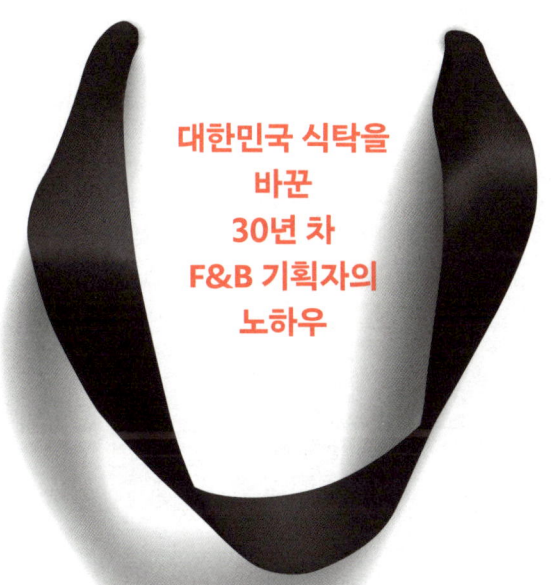

대한민국 식탁을
바꾼
30년 차
F&B 기획자의
노하우

살아남는 브랜드

이주은 지음

흐름출판

추천의 말

어떤 일을 도모할 때면 기획을 잘 해야 한다고 생각하지만, 마음이 급하다 보면 정작 진지하게 기획에 임하는 경우가 드물다.

우리나라 주요 F&B 분야에서 산전수전을 겪은 저자는 다양한 체험에서 나온 기획의 지혜를, 독자의 손을 잡고 다니면서 함께 먹어 가며 가르쳐 주듯, 자상하게 설명한다.

또한 이 책의 독특한 점은, 내가 제공한 제품을 사용할 때 소비자가 경험하게 하고픈 일들을 어떻게 기획 단계에서 녹여내느냐를 체계적으로 알려준다는 것이다.

저자는 수많은 히트 상품의 탄생과 성장을 이끌었기에, 브랜드의 씨앗을 뿌리고 가꾸어 열매 맺게 하는 과정을 실전의 사례로 생생하게 보여준다.

당장 팔리는 상품을 넘어, 오래도록 살아남는 브랜드를 만들고자 하는 의욕이 있다면 반드시 만나야 할 책이다.

― 홍성태, 《브랜드로 남는다는 것》 저자, 한양대학교 명예교수

음식을 사랑하는 사람으로서 "팔리는" 음식 상품을 기획하는 것은 상당히 어려운 일이다. 음식은 눈으로 보고, 입으로 들어가는 순간 누구나 판단이 가능하기 때문이다. 언제, 누구와, 어떤 상황에서 먹는지, 맛과 향, 브랜드와 디자인이 어떤 감정을 불러일으켜야 하는지까지 세심하게 기획해야 하는 것이 음식 상품이다.

이처럼 너무 익숙하고 일상적인 영역이기에, 오히려 가장 정교한 접근이 필요한 일이 바로 식품 상품기획이다.

시대와 산업에 따라 기획의 방식은 달라질 수 있지만, 고객의 마음을 읽는 프레임은 크게 다르지 않다. 책 안에는 그 어려움을 수십 년간 마주해 온 저자의 시선과 경험이 고스란히 담겨 있다. 성공하는 상품기획을 하고 싶은 독자들에게는 좋은 출발점이 될 것이다.

— 김숙진, CJ제일제당 한국마케팅 본부장

"잘 팔리는 가게엔 다 이유가 있다."
나는 매장에서, 점주들과, 손님들과 부딪치며 브랜드를 키워왔다. 프랜차이즈는 겉보기엔 화려해도, 속은 언제나 치열하다. 메뉴 하나, 문구 한 줄이 매출을 뒤집는 걸 수도 없이 봐왔다.
《팔리는 기획, 살아남는 브랜드》는 책상 앞이 아니라 현장에서 나온 이야기다. 기획이란 말로만 배울 수 있는 게 아니라는 걸, 이 책은 정확히 짚어준다.
읽는 내내 고개가 절로 끄덕여졌다. 외식 브랜드를 운영하는 사람이라면 한 번쯤 꼭 읽어볼 만한 책이다.

— 한경민, 분식 프랜차이즈 청년다방 대표

"떨어지는 칼날 위에서 길을 잃은 대표들을 위한 실전 생존 전략"
한국 식품 시장은 생존 자체가 도전인 곳입니다. 치열한 경쟁 속에서 본질을 놓치기 쉽지만, 결국 '고객이 원하는 것'과 '그것의 실행'이 전부입니다.

2024년 9월, 스윗밸런스는 떨어지는 칼날을 잡아야 하는 절체절명의 위기 앞에 있었습니다. 현금 고갈, 매출 정체, 대출 상환 압박과 핵심 인력 이탈까지, 모든 악재가 겹친 상황이었습니다. 생존의 방향성을 고민하는 절박함 속에서 등불처럼 발견한 것이 이주은 고문님이었습니다

"제가 머무는 곳은, 전과 후가 분명히 달랐으면 합니다." 이 약속처럼 고문님은 합류 후 명확한 진단과 실행전략으로 스윗밸런스를 흑자 전환과 가파른 성장세로 이끌어주셨습니다.

《팔리는 기획, 살아남는 브랜드》는 신념과 현실 사이에서 고민하는 모든 대표와 업계 관계자에게 확신과 실행의 무기를 쥐어줄 것입니다. 또한 생존의 기로에 선 수많은 동료들에게 가장 믿음직한 등대가 되어주리라, 지난 시간들을 걸고 자신 있게 추천합니다.

— 이운성, 샐러드 스타트업 스윗밸런스 대표

프롤로그 :
모든 것을 기획으로 보는 눈

1971년 시애틀의 작은 원두 판매점에서 시작한 스타벅스. 하워드 슐츠는 이탈리아 에스프레소 바에서 영감을 받아 스타벅스를 흔한 원두 가게가 아닌 커피를 즐기는 '제3의 공간'으로 만들었다. 커피의 맛이 아니라 경험을 팔기 시작한 것이다. 매장 분위기, 직원 교육, 고객 이름 부르기, 심지어 컵 홀더까지 모든 것이 치밀한 상품기획의 결과였다.

2013년 데뷔한 방탄소년단. 빅히트는 기존 아이돌 산업의 공식을 깨고 새로운 시도를 했다. 완벽한 이미지 대신 진정성 있는 스토리를, 일방적 소통 대신 팬과의 쌍방향 소통을, 한국 시장 중심에서 글로벌 시장을 겨냥한 콘텐츠를 만들었다. 음악뿐만 아니라 브랜드 전체가 하나의 거대한 상품이었다.

두 사례 모두 기존의 것을 새로운 관점에서 재해석한 기획의 힘을 보여준다. 그리고 여기에 성공하는 상품기획자의 핵심 비밀이 숨어있다.

F&B Food and beverage 업계에서 30년간 수백 개의 상품을 기획하며 깨달은 진실이 있다. 성공하는 기획자와 그렇지 않은 기획자 사이에는 '생각하는 방식'에서 결정적인 차이가 있다는 것이다.

일반인이 스마트폰을 '전화를 거는 도구'라고 생각할 때, 상품기획자는 '라이프스타일을 담는 도구'로 본다. 일반인이 카페에서 '맛있는 커피'를 마실 때, 상품기획자는 '제3의 공간 경험'을 소비한다고 인식한다.

상품기획자의 생각법은 상품의 기능을 넘어 본질적 가치를 발견하여 그것을 최적의 형태로 구현하고 고객에게 전달하는 것이다. 시장의 숨겨진 니즈를 읽어내고, 경쟁사와 차별화할 포지셔닝을 찾아내는 것이다.

F&B 상품기획은 왜 성공하기 어려운 걸까?

F&B 상품기획은 어떤 비즈니스보다도 소비자와 밀접하면서 변화무쌍한 시장의 변화를 느끼는 영역이다. 자고 나면 새로운 신제품이 편의점에 깔리는 산업. 작년의 대형 상품이 올해는 경쟁에 밀려 작아져 버리는 시장. 이삼 년 전 유행하던 프랜차이즈가 올해는 보이지 않는 비즈니스. 우리가 매일 먹고 마시는 상품들은 소비자들의 몸과 마음에 직결되기에 너무도 예민하게 소비

자의 마음을 읽어야 하기 때문이다.

일본의 기꼬망 간장, 독일의 하리보 젤리는 백 년이 넘는 시간 동안 사랑받으며 변함없는 모습으로 자리를 지킨다. 오레오의 디자인은 몇 세대 그대로이고 프링글스의 단단한 원통형 패키지는 시간이 흘러도 변함이 없다. 그러나 대한민국의 신상품은 일 년, 아니 육 개월이 되지 않아도 새 옷을 갈아입고 출시된다. 그래서 F&B의 상품기획과 마케팅 트렌드를 읽는 것은 단순히 식품 분야를 넘어 시장과 소비자를 보다 빠르게 이해하는 지름길이 될 수도 있다.

팔리는 기획, 살아남는 브랜드

오늘날 많은 산업에서 시장이 포화 상태라고 말한다. 하지만 정말 그럴까?

혁신은 새로운 것을 만드는 것이 아니라, 기존의 것을 새롭게 보는 것에서 시작된다. 그리고 이런 새로운 시각을 갖는 것이야말로 바로 상품기획자의 핵심 역량이다.

《팔리는 기획, 살아남는 브랜드》는 내 오랜 F&B 상품기획의 고민과 통찰을 엮어 만든 이야기다. 기획의 본질이 무엇이고, 기획력을 강화하기 위해서는 무엇을 해야 하는지, 살아남는 브랜드를 만들기 위해 어떤 관점과 전략이 필요한지를 담았다. 실시간으로 변하는 트렌드를 어떻게 포착하고 고객과 어떻게 소통하고 설득할 것인지, 그리고 그것을 어떻게 실전에서 기획과 실행으로 이어지게 만드는지를 구체적으로 풀어내고자 했다.

무엇보다 30년간의 현장에서 겪은 성공과 실패의 생생한 사례들을 통해 기업이 어떻게 고객을 이해하고 성장해야 하는지를 정리했다. 이 책은 단순한 아이디어가 아닌, 실제로 '팔리는 상품'을 만드는데 필요한 기획의 핵심을 다룬다.

이 책은 사람들이 진짜 원하는 히트 상품을 만들고 싶다는 호기심과 열정이 담긴 나의 항해 기록이다. '대한민국의 식탁을 바꾸겠습니다'라는 호기로운 꿈을 가지고 도전했던 어린 마케터가 오래도록 살아남는 브랜드를 만들기까지 성장하며 터득한 성공의 방정식을 담았다.

브랜딩과 상품기획을 고민하는 마케터들, 하루하루 현장에서 씨름하는 요식업 자영업자들, 부푼 꿈을 안고 사업을 시작하는 스타트업 대표들에게 도움이 되길 바란다. 특히 '어떻게 하면 고객의 마음을 움직이는 상품을 만들 수 있을까', '성공하는 기획과 실패하는 기획의 차이는 무엇일까'라는 질문 앞에서 고민하고 있다면, 이 책에서 당신만의 답을 찾을 수 있을 것이다.

이 책이 나올 수 있도록 도움을 주신 모든 분들께 감사드린다.

2025.10.
이주은

차례

추천의 말   4
프롤로그 모든 것을 기획으로 보는 눈   8

| PART 1 잘 파는 기획자의 생각법 |

구슬을 꿰듯 생각하라   18
트렌드는 우연이 아니다   22
먹고 마시며 일한다는 건   26
기획자는 쇼핑하지 않는다   30
현지의 맛을 기억하라   35
기획의 밑재료, 책 읽기   39
승부는 말과 글에서 난다   44

| PART 2 팔리는 기획은 어떻게 하는가 |

문제를 정의하는 힘	**52**
오감 그 이상으로 탐색하라	**57**
가서 만나고, 이야기하라	**61**
창의적 조합의 기술	**67**
지역의 맛을 찾아라	**73**
작지만 강한 시장을 찾자	**79**
팬덤을 만드는 스토리	**84**
현재의 문제를 미래의 기회로: 큐원 알룰로스와 햇반 컵반	**90**
답은 길거리 음식에 있다	**97**
먹는 것들의 변천사	**104**
협업이 답이다: 청년다방과 하니칼국수	**110**

| PART 3 성공하는 상품기획 전략 |

나의 위치는 어디인가?	**120**
신상품 기획 프로세스	**125**
때로는 소설가처럼, 때로는 영화감독처럼	**132**
틀을 깨는 모험	**138**
최초가 된다는 것: 넛신	**142**

어떤 차이를 만들 것인가?: 비비고와 하코야	**147**
실패한 케어푸드의 페르소나	**152**
출시 후가 진짜 시작이다	**156**
신뢰가 먼저다	**160**
지키고 버티는 힘은 강하다: 오설록	**165**
로드맵으로 길을 밝혀라	**171**

| PART 4 소통하는 브랜드가 살아남는다 |

차 한잔의 경험: 공차코리아	**176**
눈꽃 위의 혁신: 설빙	**184**
공간으로 소통하라: 배스킨라빈스	**188**
팝업 스토어의 진화: 비비고	**193**
브랜드와 놀다: 하이네켄 익스피리언스	**198**
인물로 소통하라: 하코야	**203**
기억되는 장면 하나만 있어도: 행복한콩 두부	**208**
영화같은 감성을 담다: 가쓰오 우동	**213**
가장 한국적인 이미지로: 윤스테이와 비비고 만두	**218**

| **PART 5 시장이 바뀌어도 살아남는 기획자** |

설득력 있는 기획서 작성법　　　　　　　　**226**
성공하는 프레젠테이션 기술　　　　　　　**231**
갑을 이기는 을의 전략　　　　　　　　　　**237**
숫자로 증명하라　　　　　　　　　　　　　**242**
비즈니스를 키우는 포트폴리오 구성하기　　**247**
신규 브랜드 런칭의 교훈　　　　　　　　　**254**
스몰브랜드의 사업 확장 전략　　　　　　　**261**
히트 상품의 비밀은 실패에 숨어 있다　　　**265**
푸드 스타트업의 생존 전략　　　　　　　　**270**
AI 시대, 기획자의 여정은 계속된다　　　　**275**

에필로그 작은 꿈들이 만드는 큰 변화　　　　　　　**280**

일러두기
· 브랜드 이름과 제품 이름은 공식 홈페이지의 표기를 따랐습니다.
· 규범 표기는 '콘셉트', '론칭'이나, 이 책에서는 어감을 고려하여 '컨셉', '런칭'으로 표기하였습니다.
· 단행본은 《 》, 영화와 TV 프로그램은 〈 〉로 표기하였습니다.
· 일부 문장은 저자의 표현을 살렸으며, 실제 현장에서 쓰이는 용어를 가능한 한 그대로 사용하였습니다.

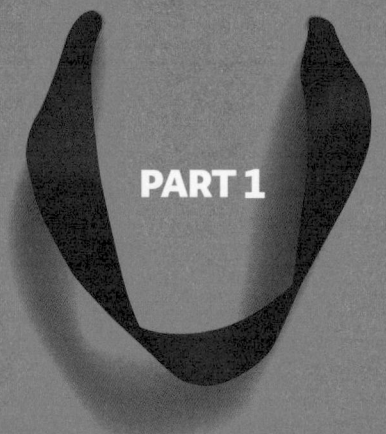

PART 1

잘 파는 기획자의 생각법

/
구슬을 꿰듯 생각하라
/

우리는 매일 무언가를 기획하며 산다. 돈을 아껴 떠나는 해외여행, 당장 내일 처리해야 할 업무 계획, 주말에 가족과 보낼 소중한 시간을 짜는 것까지. 우리 생활의 모든 것이 기획의 영역에 속한다.

'계획'이 다음에 할 일을 정하는 것이라면 '기획'은 그 위에 전략과 목표를 한 스푼 더 얹은 것이다. 기획은 문제를 해결하기 위한 명확한 방향성을 설정하고, 원하는 결과를 얻기 위한 구체적인 접근법을 설계하는 과정이다. 그래서 기획은 단순한 생각을 뛰어넘어, '의도를 담은 정교한 설계'라 할 수 있다.

무엇을 왜 어떻게 만들 것인가
사업이든, 상품이든, 콘텐츠든, 모든 기획의 핵심은 '무엇을 왜,

'어떻게 만들 것인가'에 대한 깊은 고민이다. 기획은 실체 없는 것을 실체 있게 만드는 마법과도 같다. 세상에 없던 제품을 탄생시키고, 브랜드에 새 생명을 불어넣으며, 소비자의 마음속에 새로운 선택지를 심는다. 그래서일까. 기획이라는 단어에는 언제나 강렬한 창조의 기운이 서려 있다.

하지만 실전은 그리 낭만적이지만은 않다. 기획자는 늘 한정된 예산과 빡빡한 기한, 시시각각 변하는 상황 속에서 실현 가능한 해법을 찾아내야 한다. 타협은 때론 기획자를 지치게 만든다. 그 지난한 과정을 거쳐 세상에 나온 상품들 앞에는 시장의 냉혹한 평가가 기다리고 있다. 그렇기에 '기획을 잘하는 사람'이란 말은 단순히 아이디어가 풍부한 사람이나 창의적인 사람을 의미하지 않는다.

신입 사원 면접에서 자주 듣는 말이 있다.

"저는 맛집만 골라 다녀요."

"요즘 트렌드는 거의 다 꿰고 있습니다."

"최근에도 성수동 팝업 투어를 다녀왔는데, 제가 모르는 브랜드는 없더라고요."

"저는 먹는 걸 너무 좋아해서 이 회사를 선택했어요."

풍부한 경험을 한 사람이라면 훌륭한 F&B 상품기획자가 될 수 있을 것이다. 하지만, 진짜 기획의 단초는 거기서 시작되지 않는다.

"그래서, 구체적으로 뭘 기획할 수 있나요?"

"회사의 어떤 브랜드에 어떤 아이디어를 가지고 있나요?"

정말 중요한 질문은 바로 이거다. F&B 상품기획자는 '많이 먹어본 사람'이 아니라, 풍부한 경험을 바탕으로 '트렌드에 숨겨진 의미를 찾아내고, 새로운 가치를 제안할 수 있음'을 증명할 수 있는 사람이다. 맛집 탐방을 많이 했다는 건 지금까지 먹어본 음식을 나열하는 것에 불과하다. 유행하는 브랜드, 음식, 마케팅을 줄줄이 외운다고 창의적인 기획을 할 수 있는 것이 아니다.

기획은 취향의 설계다

기획자는 파편적인 정보들을 목적에 따라 구슬처럼 하나하나 꿰어야 한다. 그리고 꿰어진 구슬들에 매력적인 스토리를 부여해야 한다. F&B 상품은 맛있기만 하면 소비자의 선택을 받을 것 같지만, 그렇지 않다.

기획은 단지 추상적인 감각이 아니라, '이 제품이 어떤 타깃에게 왜 절실히 필요하며, 어떻게 다가가야 진짜 감동을 줄 수 있는가'와 같이 구체적이어야 한다. 기획은 단순한 취향의 나열이 아니라, 취향을 설계하는 일이다.

실제로 내가 만난 유능한 기획자들은 모두 날카로운 관찰력과 깊은 몰입력을 가지고 있었다. 그들은 현장을 직접 발로 뛰며 고객의 작은 목소리에도 귀를 기울이고, 트렌드의 미세한 움직임에도 예민하게 반응했다. 자신의 안테나를 항상 최대치로 세우고 있었고, '그럴듯한 아이디어'를 내는 데 그치지 않고 아이디어를 '실현 가능한 솔루션'으로 구체화하는 데 에너지를 쏟았다.

이 책에서 다룰 기획 사례들은 대부분 내가 직접 실행했거나 업계에서 지켜본 F&B 브랜드의 생생한 실전 경험에 기반하고 있다. 성수동의 작은 팝업 스토어부터 전국 단위의 대규모 신제품 론칭, 그리고 국내 최대 F&B 브랜드에서부터 열정 있는 작고 강한 스타트업 브랜드까지 다양한 현장과 조건에서 기획자로서 어떻게 결과물들을 만들었는지 소개하려 한다.

그 모든 시작에는 언제나 '기획의 단초'가 있었다. 무엇이 진짜 문제인지, 고객은 진심으로 무엇을 원하는지, 지금 우리가 할 수 있는 것은 무엇인지를 집요하게 들여다보는 일. 기획은 바로 거기에서 출발한다.

/
트렌드는 우연이 아니다
/

사람들은 왜 이 음식에 열광하고, 저 브랜드에 지갑을 여는 걸까? 어떤 메뉴가 유행처럼 번지고, 어느 날 갑자기 동네 맛집이 전국구 맛집이 되어 문전성시를 이루는 현상은 결코 우연이 아니다. 그 배경엔 고령화 현상이 있을 수도 있고, 저속 노화 열풍이 불고 있기 때문일 수도 있다. 아니면 인기 OTT 프로그램에 간접 광고(PPL)되었거나 한 유튜버의 먹방이 알고리즘을 탔기 때문일 수도 있다.

  과거와는 비교할 수 없이 복잡해진 미디어 환경과 알고리즘의 세계에서는 유행의 근원을 파악하는 것조차 쉽지 않다. 그렇기 때문에 현상을 파악하기 위해 내가 몸담고 있는 세계만 들여다보는 것은 너무나 제한적인 시각이다.

트렌드 속에 숨겨진 것을 읽어라

러닝화를 예로 들어보자. 러닝화의 판매량이 급증했다는 것은 건강을 중시하는 소비자들의 니즈가 음료나 식사 대용 제품을 선택할 때도 영향을 미칠 수 있다는 신호다. 새해가 시작되면서 헬스클럽 등록이 폭발적으로 늘고, 다이어트를 계획하는 사람들이 넘쳐난다면 고칼로리 음식보다 간편한 샐러드나 건강식에 관심이 쏠리는 것은 당연하다. 고령층의 등산 모임이 활발해지면 단백질 초코바 같은 제품이 불티나게 팔릴 가능성이 높다.

이런 미묘한 연결고리를 포착하려면 사람들을 자세히 관찰하고, 질문하고, 그들의 행동 이면에 숨겨진 '왜?'를 파고들어야 한다. 계절의 변화나 히트 콘텐츠가 새로운 수요를 창출하기도 하지만, 진짜 기획자라면 화제의 콘텐츠 뒤에는 이미 수많은 브랜드가 치밀하게 준비하고 참여했을 가능성이 높다는 것을 잘 알고 있다.

관찰한 장면	소비자 니즈 또는 행동 유추	기획으로 연결하기
러닝화 판매량이 급증	건강을 중시하는 분위기	에너지 음료 혹은 고단백 스낵
새해 혹은 휴가철 다이어트 열풍	저칼로리 식품 선호	샐러드

이렇듯 기획자는 세상 모든 것에 호기심을 품는 동시에 유행을 주도할 수 있는 힘도 갖춰야 한다. 트렌드의 흐름을 읽어내고, 자신이 기획한 제품을 트렌드의 물결 속에 자연스럽게 띄우는 감각을 길러야 한다. 새해에 유행할 색상을 상품에 미리 반영하거나, 이제 막 주목받기 시작하는 콘텐츠에 과감한 투자를 하는 것도 같은 맥락이다. 소비자의 미세한 행동 하나까지 놓치지 않고 관찰하며, 세상의 많은 현상에 관한 호기심을 자신만의 통찰로 기획 상품과 연결하는 것. 이것이 뛰어난 상품기획자가 갖춰야 할 역량이다.

선명한 주제로 몰입하라

이 모든 역량은 몰입에서 시작된다. 내가 기획하는 상품을 사용할 고객의 얼굴을 자세히 그려보고, 최신 트렌드와 연결할 새로운 아이디어를 밤낮으로 생각하다 보면 자연스럽게 그 세계에 빠져들게 된다. 다양한 사람들을 만나며 질문을 던지고, 진짜 소비자의 입장에서 생각하다 보면, 내가 보고 듣고 느끼는 모든 순간이 기획의 원천이 되는 것을 경험할 수 있다. 알고리즘을 장악한 최신 드라마, 거리에서 포착한 패션 트렌드, 인스타그램을 뜨겁게 달구는 여행지의 인생샷 속에서도 기획의 영감은 솟아난다. 몰입은 뚜렷한 주제를 가지고 있을 때 선명해진다. 내가 기획하는 상품이나 사업기획, 내 인생의 목표와 같은 주제를 뚜렷하고 선명하게 고민할수록 주변의 것들과의 연결이 용이하다. 신발을 살려고 하면 온 동네 사람들의 신발이 보이고 미용실에 가기 직전에 사람들의 헤어스타일만 보이는 것처럼 내가 집중하고 있는 주제가 선명하다면 몰입의 힘은 증폭된다.

  몰입하는 사람만이 솟아난 영감에서 번뜩이는 아이디어를 건져 올릴 수 있다. 눈을 크게 뜨고 주변의 모든 것을 예민하게 바라보며, 지금 내가 기획하는 상품과 연결시키는 힘. 이것이 바로 몰입하는 기획자만이 얻을 수 있는 특별한 선물이다.

/
먹고 마시며 일한다는 건
/

먹고 마시는 게 일이 될 수 있을까? 나는 지금 일하는 걸까, 여행하는 걸까, 그냥 맛있는 걸 먹는 걸까? F&B 기획자는 늘 일과 삶의 경계 위에 서 있는 사람이다.

  새로운 기획이 필요할 때면 나는 새로운 공간을 찾아 나섰다. 특히 식문화가 깊은 곳, 역사와 스토리가 깃든 지역이 좋았다. 그냥 유명한 음식이 아니라, 그 나라와 지역의 사람들이 즐기며 먹고 마시는 게 뭔지 알고 싶었다.

음식은 자유와 표현의 도구다

오래전 영국 출장에서의 일이다. 영국의 제이미 올리버 키친 스튜디오에서 본 장면 하나가 아직도 생생하게 기억난다. 당시 주방 한복판에서는 남자 셰프들이 요리를 하며 웃고 있었다. 즐겁고 유쾌함이 가득한 표정들이었다. 나는 그 사람들의 표정에서 그들이 요리를 즐기고 있음을 느낄 수 있었다.

순간 셰프들이 요리하는 장면 위로 한국의 부엌 풍경이 겹쳐 보였다. 당시 한국에서는 다양한 요리 프로그램들이 방영되고 있었지만, 대부분 나이가 지긋한 어머니들이 한식의 깊은 맛을 전수하는 방송이었다. 그 당시만 하더라도 밥을 짓는 일은 직업이나 자아실현의 수단이 아니라 가족의 생계를 책임지는 의무, 때로는 어머니의 묵묵한 희생의 상징이었다.

그런데 이곳, 제이미 올리버 스튜디오의 분위기는 달랐다. 음식이 노동이나 책임이 아닌 하나의 놀이처럼 느껴졌다. 사람들은 요리를 통해 창의력을 발휘하고, 함께 웃고, 즐기고 있었다. 그 장면은 내게 큰 울림을 주었다. 음식이 삶의 무게를 짊어진 도구가 아니라, 기쁨과 자유의 표현이 될 수 있다는 사실을 처음 실감했다. 이때부터 음식은 단순한 생존 수단이 아닌 기쁨이 되어야 한다는 철학은 내 기획의 밑바탕이 되었고, 기획자로서 일과 삶의 경계에서 흔들릴 때마다 나를 잡아주는 길잡이가 되었다. 내가 사람들에게 궁극적으로 전달하고 싶은 것은 무엇이고, 내가 지금 이 순간 집중해야 하는 것은 무엇인지가 분명해지자 같은 경험에서도 더 많은 것을 보고 느낄 수 있었다.

먹고 마시는 경험을 통해 어떤 것을 담을 것인가?

나에게 먹는 일은 삶이자 일이었다. 레스토랑에 들어서면 사람들을 둘러보고 그곳의 분위기에서 메뉴의 이미지를 느끼는 일이 많았다. 화려하지는 않지만 깊은 전통이 느껴지는 유럽의 식당에서 음식을 먹고 여유를 즐길 때면 백 년 전에 이곳에 자리했을 예술가들의 호흡이 느껴지는 것 같았다. 영국의 농장에서 먹었던 유기농 샐러드 한 접시의 신선함, 벨기에의 브뤼헤 골목에서 만난 크림 와플의 부드러운 온기를 기억한다. 체코의 프라하 카를교를 지나 들어간 포크스 모스테카의 체코 전통 족발요리 '꼴레뇨', 오스트리아의 비엔나에서 한참을 찾아 들어가 줄 서서 먹던 백 년 된 식당 피그뮐러의 '슈니첼' 한 조각을 잊을 수가 없다.

그것들이 왜 유명한지, 이 음식들을 찾는 사람들은 이곳에서 어떤 기쁨과 자유를 느끼는지 고민하게 되었고 그것은 소비자를 생각하며 만드는 다양한 상품기획의 자양분이 되기도 했다. 상품을 기획할 때는 해당 메뉴를 파는 매장의 식기류나 벽면의 디자인까지 보면서 상상하곤 했다. 어떤 패키지 디자인이 좋을지, 그것의 질감은 어떠한지, 먹고 있는 사람들의 바스락거리는 소리도 기억했다. 타코랩을 만들 때는 이태원 타코집에 가서 쿵쾅거리는 음악 소리를 들으며 영감을 얻었다. 상품기획은 맛에서만 힌트를 얻는 것이 아니라 그 메뉴를 파는 공간의 인테리어와 색감, 그리고 메뉴판의 작은 글씨체에서도 영감을 얻는다.

먹고 마시고 즐기면서 일하는 직업, F&B 상품기획을 오래 하면서 나는 지금도 생각한다. '이 직업, 세상에서 제일 맛있는 직업 아닐까? 먹고, 마시며, 일상 속에서 일하는 기분이란.

/
기획자는 쇼핑하지 않는다
/

요즘 어떤 상품이 제일 잘나가냐는 질문에 내 대답은 항상 같다.
"매장부터 가보세요."
답은 항상 현장에 있다.
그중에서도 나는 편의점을 주목한다. 신상품이 빠르게 깔리고, 소비자 반응 역시 가장 빠르게 나타나는 곳이기 때문이다. 포스터 하나, POP 문구 하나, MD의 상품 배열 하나까지. 트렌드는 그런 곳에서 슬쩍 모습을 드러낸다.

트렌드 포착의 기술
글로벌 프로젝트 때문에 미국 출장길에 홀 푸드 마켓을 방문했을 때다. 나는 진열된 제품 패키지의 칼로리, 원재료, 강조된 카피 문구를 하나하나 읽어가며 매대 진열의 의도를 분석했다.

기획자가 알아차려야 할 의도는 무엇일까? 매장의 크기, 제품의 디자인은 기획자가 아니라 그곳에 물건을 사기 위해 방문한 소비자도 알아챌 수 있는 정보다. 기획자에게는 감상을 넘어선 시선이 필요하다.

냉동 매대 하나만 봐도 소재별로 차지하는 면적의 차이가 크고, 가공식품의 경우는 제품의 TPO나 용도에 따라서도 한참의 세분화가 일어난다. 제품이 소구하는 콘셉트가 칼로리인지 단백질인지, 영양 성분의 경우는 패키지 전면에서 강조하는지, 후면에서 자그마하게 적어 둔 것인지, 유기농 제품이라면 원료 표현을 어떻게 하는지, 알레르기 문구는 어떻게 나타내는지 등 살펴봐야 할 것들이 많다. 그리고 표현 하나하나에 어떤 의미가 있는지 생각하고 응용해 보려고 해야 한다.

제품의 설계 의도 파악하기
- 제품의 핵심 고객은 누구인가?
- 제품의 컨셉은 무엇인가?
- 제품의 종류는 어떠한가?(형태, 용량)
- 제품의 정보는 어떻게 표현하는가?(영양 성분, 알레르기 문구)

트렌드는 매장 곳곳에 숨어있다. 제품별로 매장 내에 진열된 공간의 크기, 매대 안에서 컨셉별로 차지하는 제품 단량들의 공간의 규모, 가격대에 따른 진열 위치, 소비자의 동선을 고려한 배치 등 모든 것이 트렌드와 연관되어 있다. 브랜드별, 제품별, 단량별로 무엇을 어디에 어떻게 진열하고 있는가 하는 모든 것이 트렌드를 읽는 단초가 된다.

소비자의 니즈와 브랜드의 전략이 담긴 설계가 가장 잘 나타나는 공간이 바로 현장이다. 기획자에게는 그 설계를 읽어내는 독해력이 필요하다. 나는 출장을 같이 간 후배와 함께 제품의 패키지를 하나 둘 열어보며 자세히 살펴봤다. 한국보다 문안 표기 규제가 훨씬 강화된 선진국의 패키지를 보며 우리가 만드는 상품이 나아가야 할 방향을 찾을 수 있었다. 저칼로리, 저당, 고단백질 같은 상품의 영양학적 기능을 소구하는 방법과 디자인의 요소에 대해서도 같이 얘기해 보았다. 이런 관찰을 지속하다 보면 나도 모르게 매장 밖의 소비자 심리까지 꿰뚫는 안목이 길러진다.

트렌드는 데이터로 나타난다

트렌드를 잘 읽는 사람들은 대부분 감각이 뛰어나다. 하지만 기획자의 감각이 언제나 정답은 아니다. 반드시 데이터를 통해 객관화하는 검열의 눈이 필요하다. 소비자 패널의 반응, 유통 채널별 판매 추이, 검색량 변화, 키워드 흐름, 소비자 후기의 내용과 그것이 주는 메시지. 이 안의 힌트들을 놓쳐선 안 된다.

과거 냉장면 브랜드 매니저를 할 때, 나는 계절성 상품의 판매 패턴에 주목했다. 단순히 기온의 높고 낮음을 넘어, 여름철에는 기온 30도를 기점으로 냉면 수요가 급격히 늘어났다. 육개장 같은 국물 요리는 주로 한겨울에 팔릴 거라는 일반적인 예측과 달리, 더운 주방에서 오래 일하기 싫다는 소비자 심리 때문에 여름에도 특수를 누리는 현상도 발견했다. 이런 예상 밖의 소비자 행동 패턴은 매장 관찰과 판매 데이터를 꾸준히 지켜보다가 찾아낸 값진 인사이트였다.

온라인 플랫폼에서도 데이터 관찰은 중요하다. 온라인은 클릭을 유도하는 화면 설계가 승부처다. 소비자가 어떤 키워드로 유입되고, 어떤 섬네일이 그들의 시선을 끄는지, 리뷰가 많은 제품이 어떻게 상단에 올라가고, 소비자는 무엇을 기준으로 제품을 선택하는지를 관찰해야 한다. 때문에 온라인에서는 디자인이나 멋진 광고보다 브랜드가 얼마나 소비자와 소통하는지가 중요하다.

이제는 상품 자체가 커뮤니케이션하는 시대이기에 기획자는 '보는' 사람이 아니라, 트렌드의 문맥을 '해독하는' 사람이어야 한다. 눈으로 보면서 머리로 해독하고, 감각으로 판단하는 것. 트렌드를 제대로 읽는다는 건 바로 그런 뜻이다.

내가 믿고 있는 대박 예감형 상품도, 실제 매출 데이터를 보면 소비자는 전혀 다르게 반응할 수 있다. 그럴 땐 감각보다 데이터를 믿어야 한다. 예를 들어, 코로나 시기에는 밀키트가 날개 돋친 듯 팔렸지만, 그 이후엔 외식의 회복과 함께 가정간편식HMR, Home Meal Replacement 매출이 급격히 꺾였다. 환경이 바뀌면 소비자는 달라진다. 소비자는 절대 고정되어 있지 않다. 그들은 새로운 니즈를 충족하기 위해 빠르게 움직인다. 그 흐름을 놓치면, 아무리 멋진 기획도 지나간 상품이 되기 쉽다.

기획은 감각만으로는 부족하다. 감각만으로는 다른 사람을 설득할 수도 없다. 데이터는 내 생각을 증명해 주는 '근거'가 된다. 데이터는 감각의 언어를 뚜렷한 수치로 번역해 주는 도구다.
데이터는 현장에서 만들어진다. 현장의 모든 상품, 광고, 카피는 또 다른 기획자들이 자신만의 데이터로 기획한 상품들임을 잊지 말자. 우리가 현장에서 해야 하는 것은 보이는 것들 속에 숨겨진 데이터를 포착하는 것이다. 기획은 감각과 통찰로 시작하되, 데이터와 함께 해야 한다.

/
현지의 맛을 기억하라
/

왜 어떤 맛은 금방 잊고, 어떤 맛은 오래도록 기억날까? 낯선 나라의 유명한 맛집도 물론 좋은 데이터가 되지만, 별 기대 없이 들어간 평범한 식당에서 기획의 단서를 찾을 때가 많았다.

특별한 우동을 만드는 방법

마쓰야마로 여행을 갔을 때의 일이다. 그날은 아침부터 비가 내렸다. 옷이 약간 젖은 채 마쓰야마성에서 내려오는 길, 비에 젖은 돌계단을 조심스럽게 내려오다 우연히 눈에 들어온 작은 식당 하나가 있었다. 간판도 크지 않았고, 창문 안쪽이 잘 보이지도 않았다. 그런데 어쩐지 가게 안쪽이 궁금했다. 어서 비를 피하고 싶기도 했고, 아담하고 정갈한 가게의 모습에 무언가 좋은 예감이 들기도 했다.

작은 미닫이문을 열고 들어서자, 따뜻한 국물 냄새가 먼저 코를 간질였다. 작은 가게 안에는 이미 몇 명의 사람들이 앉아 있었다. 테이블 몇 개와 소박한 액자 몇 점이 눈에 들어왔다. 그리 넓지 않은 주방 안에서는 노부부가 분주히 움직이고 있었다. 남편은 면을 삶고 있었고, 아내는 손님을 맞으러 나왔다.

여행자에게 나누는 따뜻한 인사는 늘 마음을 놓이게 만든다. 나는 자리에 앉아 소박한 메뉴판을 이리저리 살피다가 은색 냄비에 들어있는 튀김 우동을 주문했다.

작은 냄비에 담긴 국물, 얇게 튀긴 어묵, 그리고 바삭한 새우튀김. 일본 어디서나 흔히 볼 수 있는 비주얼이었지만, 비 오는 날의 여행으로 조금 지친 내 눈엔 고명 하나하나가 정성스럽고 특별하게 보였다. 국물을 한 숟가락 떠 입에 넣는 순간, 속이 사르르 녹았다. 깊고 은은한 감칠맛이 느껴졌다. 비에 젖은 몸을 따뜻하게 데워주는 맛이었다. 국물 한 숟가락에 나는 순식간에 일본의 어느 따스한 집에 초대된 것 같은 기분을 느꼈다.

창밖에는 빗소리가 잔잔하게 들리고, 식당 안에는 국물이 끓는 소리와 그릇 부딪히는 소리만이 있었다. 식당 주인의 아내는 틈틈이 내게 "오이시이?(맛있나요?)" 하고 물으며 미소를 건넸다. 그 미소를 마주하며 나는 이 부부가 이 동네에서 얼마나 오래, 정성껏 음식을 만들어 왔을지를 상상했다. 하루하루 조용히, 묵묵히 자기 삶을 지켜내는 사람들. 그 마음이 고스란히 음식에 담겨 있었다. 그 순간 내가 먹은 우동은 그냥 튀김 우동이 아니라 기억하고 싶은 우동이 되었다.

추억을 기획으로 연결하기

여행에서 돌아온 뒤, 일본식 우동을 개발하게 되었을 때, 나는 자연스럽게 그날의 장면을 떠올렸다. 국물의 온도, 튀김의 식감, 고명의 크기 같은 레시피뿐 아니라, 부부의 친절함과 공간의 따스함까지 되살리고 싶었다.

우동집 입구에서 하얗게 펄럭이던 노렌, 안쪽에서 조용히 움직이던 노부부, 그리고 비 오는 날의 조용한 환대. 나는 그날 내가 느낀 것들을 컨셉으로 살리고 싶었다.

일본식 우동 신제품을 개발하면서 고명을 큼직하게 올렸다. 그러나 화려하게 이것저것 넣기보단 군더더기를 덜어내는 쪽으로 방향을 잡았다. 국물맛은 너무 자극적이지 않으면서 은근하게, 정성으로 끓여낸 맛이 담기기를 바랐다.

이런 의도는 상품의 포장, 설명서, 판매 홈페이지 그 어디에도 적혀있지 않다. 그러나 의도가 잘 설계된 기획은 의도가 제품 자체로 드러난다. 굳이 설명하지 않아도 소비자들은 한눈에, 한입에 이 우동이 비 오는 날 문득 생각나는, 정성 들여 만든 일본식 우동이라는 것을 알아차릴 것이다.

상품을 기획할 때마다 나는 묻는다.

"이걸 먹는 사람은, 어떤 기분이 들까?"
"그 한 그릇이, 어떤 기억으로 남을까?"

기획자는 결국, 기억을 설계하는 사람이다. 당신의 기억에 남는 맛은 무엇인가? 그 안에, 당신만의 기획이 숨어 있을지도 모른다.

/
기획의 밑재료, 책 읽기
/

새로운 것을 찾고, 무에서 유를 창조해야 하는 사람에게는 머릿속 생각의 재료들이 끊임없이 필요하다. 미슐랭 셰프가 최상의 식자재에 집착하듯, 기획자도 신선한 아이디어의 원천이 필요하다. 나에게 그 황금 같은 재료들은 바로 책에 숨어 있다.

전문 지식은 좋은 원재료
기획자의 책은 전문 지식을 늘리는 책과 인문학적 소양을 기르는 책으로 구분할 수 있다. 먼저, 전문 지식을 늘리는 일은 너무나 당연하다. F&B 기획자로서 식재료 공부는 기본 중의 기본이다. 나는 셰프들과 함께 고기 부위를 공부하기도 했다. 책상 위에는 항상 고기 해부도가 펼쳐져 있었고, 주말에는 전국 맛집을 순례하며 지역의 음식 문화를 직접 보고 느끼려고 했다. 관련 서적을 통해 고기의 부위별 특성이나 유통 구조를 파고들면서 발견한 사실들은 레시피 개발에 혁신을 가져왔다. 어떤 부위에 어떤 조리법이 어울릴지 맛의 공식이 머릿속에 그려지기 시작한 것이다.

상품을 기획하면서 돼지고기, 소고기, 닭고기에 대한 공부는 기본이고, 해산물 메뉴 개발을 위해 고등어, 갈치, 삼치 같은 생선 하나하나의 생태와 맛까지 파고들었다.

비비고 생선구이 시리즈를 기획할 때였다. 원재료를 알아보던 나는 어느새 수산 시장에서 수산물을 고르고 단가를 알아보는 지경에 이르렀다. '그런 것까지 알아야 하나?' 싶지만, 제품의 지역별 단가나 특징을 자세히 알수록 보다 다양한 상품기획의 기회가 생긴다.

현재는 샐러드 스타트업에서 자문을 하면서 채소의 세계를 탐험하고 있다. 유럽 채소와 한국 채소의 차이, 수확량의 패턴과 가격의 상관 관계, 계절별 최적의 식재료 조합까지. 채소 하나하나의 개성과 가격의 차이를 이해할수록 다른 형태의 상품 구성이 떠오르고, 차별화 포인트가 보인다.

기획의 끝은 결국 사람

재료뿐만 아니라 비즈니스 시야를 넓히는 데에도 책은 큰 도움이 된다. 일식을 연구할 때는 《장사의 신》을 보고 고객을 대하는 마음에 대한 통찰을 얻었다. 일본 이자카야의 전설적인 인물 우노 다카시는 이 책에서 목 좋은 곳, 비싼 임대료 보다 중요한 것이 고객을 어떻게 기쁘게 할까를 생각하는 것이라고 했다. 제품을 넘어 고객 중심의 시야를 갖게 해준 소중한 책이다.

비즈니스는 결국 사람과 사람 사이의 일이기 때문에, 기획자는 인문학적 소양을 절대 놓쳐서는 안 된다.

첫 회사를 임원으로 퇴직한 뒤 자문 역할을 하며 지낸 1년 반 동안 내 인생에서 가장 여유로운 아침을 보냈다. 빽빽한 회의 일정과 마감에 쫓기던 날들은 사라지고, 나만의 아침 루틴을 만들어 지켰다. 매일 아침 따뜻한 차 한 잔과 함께 책을 읽는 루틴이 내 창의력의 엔진에 시동을 걸었다.

처음엔 익숙해서 안전지대 같은 F&B와 마케팅 관련 책들을 주로 찾아 읽었다. 그러다 점점 모험하듯 미술, 예술, 자기 계발, 재테크까지 영역을 확장했다. 잘 알지 못하는 분야의 책들이 내겐 마치 이국의 향신료처럼 느껴졌다. 다양한 조미료를 맛보듯 생각의 폭도 넓어졌다. 그 순간 깨달았다. 전문가가 되는 길은 오히려 다른 세계와의 교차점에서 시작된다는 것을. 이것이 진짜 살아있는 공부임을.

책의 효능은 무엇일까? 먼저, 사람에 대한 이해를 돕는다. 인문학은 결국 사람을 이해하는 학문이다. 우리가 밤새 고민해 만드는 제품도 결국 사람을 위한 것임을 생각할 때, 사람에 대한 이해는 기획자에게 꼭 필요한 덕목이다. 출시하자마자 품절 대란을 일으키는 제품과 창고에서 먼지만 쌓이는 제품의 차이는 사람의 욕망과 행동 패턴을 잘 읽었느냐, 그렇지 못했느냐에 있다. 책은 소비자의 미묘한 심리의 흐름을 읽게 해주는 투시경이다. 독서는 세상을 바라보는 다양한 시선을 갖추게 하고, 이를 통해서 소비자의 마음을 꿰뚫는 통찰의 눈을 갖게 만든다.

'한반12'라는 한식 가정간편식 브랜드를 만들 때는 한식의 뿌리를 찾아 지역 특산물의 세계로 뛰어들었다. 이때 한식을 소재로 한 허영만의 《식객》이 많은 도움이 되었다. 책을 읽고 연구하면서 지역마다 자랑스럽게 내세우는 특색 있는 재료들, 할머니부터 내려온 전통 장류의 깊은 맛과 향, 그리고 24절기에 맞춰 우리 조상들이 먹어온 계절 음식의 지혜 같은 모든 요소가 한식의 정서를 만들어내는 핵심이었다는 것을 알 수 있었다. 하늘과 땅의 기운으로 만들어진 음식이 우리의 몸을 지켜준다는 것 또한 이 책을 통해 다시 한번 배웠다.

기획자의 촉을 갈고닦는 지름길은 없다. F&B처럼 다채로운 감각을 다루는 상품의 기획자에게 아무 맛도 냄새도 나지 않는 책이 무슨 영향이 있겠냐고 할 수도 있다. 그러나 내가 읽은 모든 책의 페이지는 결국 내가 만든 제품 속에 녹아들어, 소비자에게 전해진다. 트렌드에 대한 통찰과 사람의 마음에 호소하는 진정성은 맛에서만 배울 수 없다. 그런 경험은 책을 통해서 찾을 수 있다.

나는 오늘도 이른 아침의 정적 속에서 책을 펼친다. 그 안에 다음 히트 상품의 실마리가 숨어 있을지 모르니까. 오늘은 어떤 문장이 나를 흔들고, 어떤 아이디어가 다음 기획의 불씨가 될까? 그 설렘만으로도 새로운 하루를 시작할 에너지가 솟아난다.

/
승부는 말과 글에서 난다
/

팀마다 매해 성장 전략을 발표하는 자리는 늘 긴장이 넘친다. 회의실 문이 닫히고 프레젠테이션이 시작되었다. 첫 번째 팀은 빼곡한 데이터와 좋은 아이디어를 선보였지만 회의실은 이내 하품 소리로 가득 찼다. 그러나 두 번째 팀은 발표자가 입을 열자마자 공기가 바뀌었다. 내용과 형식은 첫 번째 팀과 비슷했지만 임원진의 눈빛이 달라졌고, 심지어 고개를 끄덕이기까지 했다.

설득력을 높이는 한 마디
두 사람에겐 무슨 차이가 있었을까? 기획자에게 가장 중요한 능력 중 하나는 생각을 표현하는 힘이다. 아무리 날카로운 통찰과 참신한 아이디어를 가지고 있어도, 말과 글에 설득력이 없다면 반쪽짜리 기획일 뿐이다. 보다 냉정하게 말하자면, 천재적인 기획안도 설득력이 없다면 지나가는 아이디어에 불과하다. 사람들은 마음을 움직이는 이야기, 잘 다듬어진 말, 단단하고 흡입력 있는 문장에서 기획자의 진심을 느낀다.

- 이 제품은 소비자의 니즈를 충족시키며 시장에서 경쟁력이 있습니다.
- 이 제품은 아침 시간이 부족한 30대 직장인이 출근길에 한 손으로 들고 5분 안에 먹을 수 있도록 했습니다.

두 문장 중, 어떤 것이 더 구체적으로 다가오는가? 후자의 문장은 상황과 인물, 문제와 해결책을 명확하게 그려내고 있기 때문에 듣는 사람의 머릿속에 선명한 이미지를 남긴다.

CJ에 공채로 입사해서 28년 동안 일하며 때로는 발표자의 입장에서, 때로는 결정권자의 입장에서 내가 수없이 경험한 것은 아이디어 자체보다 그것을 얼마나 잘 말하고 쓰는지가 프로젝트의 성패를 좌우한다는 것이다. 당연하게 들리지만, 그 당연함을 훈련해서 자신의 능력으로 만드는 사람은 많지 않다.

신제품 개발 프로젝트에서의 일이다. 한 팀은 6개월간 수백 개의 레시피를 테스트하고 수십 차례의 소비자 조사를 거쳤다. 수많은 데이터를 내세워도 나쁘지 않았을 것이다. 그러나 최종 의사 결정자인 대표이사 앞에서의 발표를 앞두고 그들이 준비한 것은 딱딱한 데이터가 아닌 스토리였다. 발표는 "이 제품을 개발하면서 저희가 만난 한 40대 여성의 이야기로 시작하겠습니다"라는 문장으로 시작됐고, 회의실의 모두는 금방 이야기에 빠져들었다. 통계보다는 누군가를 떠오르게 하는 이야기가, 수치보다는 감정이 사람의 마음을 움직이는 더 강력한 무기라는 사실을 그날 다시 한번 확인했다.

이때 공감은 청중의 눈높이에 맞춘 언어를 사용하여 이끌어 낼 수 있다. 임원진 앞에서는 비즈니스 임팩트와 시장 기회를 중심으로, 디자이너 앞에서는 시각적 영감과 소비자 경험을 중심으로, 엔지니어 앞에서는 구체적인 스펙과 공정의 실현 가능성을 중심으로 이야기해야 한다. 같은 기획이라도 청중에 따라 전혀 다른 이야기가 될 수 있다. 이것은 단순한 말하기 테크닉이 아니라, 상대방의 관점에서 생각하는 공감의 능력에서 비롯된다.

나는 기획서의 첫 문장을 수십 번씩 고쳐본다. "이 제품은 시장에서 경쟁력이 있습니다"라는 평범한 문장에서 시작해, "이 제품이 당신의 아침을 바꿉니다"라는 문장으로 바뀌는 과정에서 내가 정말 말하고 싶었던 것이 무엇인지, 이 제품이 가진 진짜 가치가 무엇인지 다시 한번 생각하게 된다. 제품 전면에 보이는 광고 카피도 물론 중요하지만, 기획의 첫 시작부터 모두를 설득하고 넘어갈 수 있는 한 마디가 결국 시장에서도 소비자의 선택을 받게 한다.

- 이 제품은 시장에서 경쟁력이 있습니다.
→ 이 제품이 당신의 아침을 바꿉니다.

- 신선하게 드시면 몸에 좋습니다.
→ 건강하게 먹는 것은 최상의 나를 만나는 것입니다.

- 간편하게 샐러드를 드세요.
→ 200 칼로리 야식 걱정 없습니다.

결국 기획은 설득의 예술이다. 그리고 설득은 말과 글의 품격에서 나오고, 품격은 오늘 내가 쓴 문장을 만들기 위해 반복한 사유에서 비롯된다.

글쓰기와 말하기는 기획자의 무기이다. 아이디어를 아이디어답게 만드는 힘, 통찰을 실행으로 옮기는 능력, 그리고 무엇보다 타인의 마음을 움직여 변화를 만들어내는 영향력. 이 모든 것이 말과 글에서 시작된다.

좋은 카피는 메모에서 출발한다

좋은 기획은 번뜩이는 아이디어에서 시작되기도 하지만, 실제로는 작은 메모 한 줄에서 출발할 때가 많다. 우연히 본 인상 깊은 문구, 책 속의 구절, 누군가의 말 한마디가 훌륭한 기획의 단초가 된다. 지하철에서 들은 대화 한 마디, 카페에서 본 풍경, 심지어 잠들기 전 떠오른 생각까지. 이 모든 순간들이 기획의 씨앗이 될 수 있다.

그래서 메모는 기획자의 습관이자 생존법이다. 내 휴대폰 메모장은 가끔씩 떠오르는 단어와 문장의 파편들로 가득하다. '피로감을 덜어주는 컬러', '말하지 않는 불편함을 찾자', '익숙한 새로움' 같은 일상에서 건져올린 조각들이 모여 하나의 큰 그림을 그린다. 메모들이 쌓여 글이 되고, 글을 쓰는 습관은 결국 생각을 구조화하고 말로 표현하는 힘으로 연결된다.

《탤런트 코드》라는 책에서는 브라질 축구의 강인함을 풋살에서 찾는다. 브라질 아이들은 어린 시절부터 좁은 공간에서, 더 작은 공을 가지고 빠르게 움직이는 풋살을 통해 축구의 감각을 익힌다. 풋살은 일반 축구보다 공과 접촉할 기회가 6배나 많고, 더 다양한 상황에 반응하며 기술을 익힐 수 있다. 그렇게 다져진 경험이 축구라는 더 큰 무대로 옮겨져 능력을 펼칠 충분한 공간이 마련된다면 보다 압도적인 실력으로 이어진다. 평소의 숱한 시행착오가 본게임에서 확실한 승부를 만드는 것이다.

글쓰기 역시 마찬가지다. 기획자에게 글쓰기는 언젠가 펼쳐질 기본기이기에 꾸준한 훈련이 필요하다. 나는 매일 자유롭게 글을 쓰는 시간을 갖는다. 특별한 주제 없이, 그저 흘러가는 생각을 손이 따라가게 내버려둔다. 이 간단한 습관이 내 생각의 근육을 단련시키고, 언제 어디서든 아이디어를 글로 표현할 수 있는 민첩성과 표현력을 길러준다.

단순히 기록만 해서는 안 된다. 글을 쓰면서 스스로의 생각을 정리하고 구조화하며, 깊이 있게 들여다보려고 해야 한다. 지나치던 풍경도 글로 옮기려 하면 다시 보게 되고, 한번 스쳐 지나간 인사이트도 문장으로 붙잡으면 나만의 것이 된다. 글쓰기를 하며 얻는 이 통찰은 상품기획의 뿌리이자 기획서를 만드는 논리의 기반이 된다.

기획자에게는 단지 '쓰는 능력'뿐만 아니라, '전달하는 감각' 역시 필요하다. 글을 쓰면서 훈련된 사고력은 회의에서 발표력으로 나타나고, 클라이언트와의 미팅에서 설득력으로 연결된다. 말과 글쓰기, 두 가지 표현의 무기가 합쳐질 때, 기획자는 진정한 경쟁력을 갖게 된다.

그래서 나는 늘 노력한다. 다독, 다작, 다상량. 많이 보고, 쓰고, 생각할수록 세상을 보는 눈이 넓어지고, 그것을 정리하는 언어가 생기고, 그 언어를 통해 타인의 마음에 닿게 된다. 글쓰기를 훈련하는 기획자는 생각의 깊이가 다르고, 문제를 바라보는 시선이 다르다.

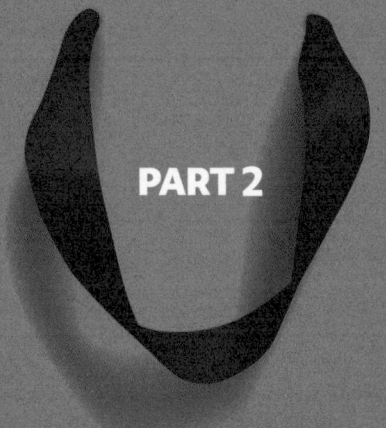

PART 2

팔리는 기획은 어떻게 하는가

/
문제를 정의하는 힘
/

몇 해 전, 후배와 식품 박람회를 방문했다. 후배는 새로운 브랜드를 론칭하고 한창 시장 감각을 익히던 시기였다. 그는 부스 하나하나를 지나칠 때마다 바쁘게 명함을 교환하고, 브로슈어를 챙기고, 사진을 찍으며 열정적이었다. 행사장을 나오는 길에 후배에게 물었다.

"오늘 어떤 인사이트가 있었어?"

그는 잠시 머뭇거리다가 말했다.

"솔직히 뭐가 트렌드인지 잘 모르겠어요. 다 좋아 보이고, 다 새로워 보여요."

질문의 방향은 어디인가?

기획자들이 자주 놓치는 부분이다. 많이 보고, 듣고, 배우는 것이 중요하다고 하니까 열심히 다니기는 하는데, 막상 거기서 무엇을 느꼈냐고 하면 대답하기 어려워한다. 그 이유는 정보는 모았지만 문제를 정의하지 못했기 때문이다.

문제 정의란 비어있는 시장 기회와 소비자 욕망의 부조화를 파악하는 것이다. 비비고 만두는 '한국적인 소재로 고기와 야채를 밸런스 있게 먹는 글로벌 랩wrap 제품을 만들어야 한다'는 문제 정의로, 햇반은 '전자레인지로 간편하게 밥을 만들어 먹고 싶다'는 소비자 이슈 정의로 탄생했다. 명함을 몇십 장 쌓는다고 대박 상품이 만들어지는 것이 아니다. 그보다 중요한 건 문제 정의를 얼마나 분명하게 했냐는 것이다.

이런 고민은 박람회에서만 나타나는 게 아니다. 기업 자문을 하다 보면, 많은 직원들이 묻는다.

"요즘 경쟁사 자료도 다 챙겨 보는데, 어떤 의미가 담겨 있는지를 잘 모르겠어요."

"이게 트렌드인지 아닌지를 어떻게 구분하죠?"

"유행이 뭔지는 알겠는데, 우리 회사 상품과 어떻게 접목시켜야 할지 모르겠어요."

경험이 부족해서 생기는 문제는 아니다. 아무리 많은 자료를 봐도 핵심을 짚지 못하는 이유는 질문의 방향이 없기 때문이다. '왜'라는 물음은 있는데 그 물음이 명확한 문제 정의로 이어지지 않으면, 아무리 정보가 많아도 해결책을 찾을 수 없다.

《돈의 심리학》이라는 책을 보면 빌 게이츠의 성공은 그의 노력도 있지만 그가 학창 시절에 컴퓨터를 만나게 된 환경 때문이라고 한다. 미국이라는 나라에서 일찍이 컴퓨터 수업을 받게 된 것이 그의 호기심을 자극했고, 컴퓨터에 몰입하게 하고 결국 창업까지 하게 했다는 것이다.

그러나 빌 게이츠의 성공 이유를 '컴퓨터를 일찍 접해서'라고만 하면, 우리는 중요한 한 조각을 놓치게 된다. 빌 게이츠와 똑같은 환경에서 컴퓨터를 배운 수많은 학생이 있었지만, 지금 우리에게 기억되는 사람은 빌 게이츠 한 사람이라는 사실이다. 그는 다른 사람들과 달리 컴퓨터를 보기만 한 것이 아니라, '왜'라는 질문으로 끝없이 파고들었기 때문에 컴퓨터로 '팔리는' 제품을 만들 수 있었다.

관찰	질문	문제 정의
컴퓨터라는 새로운 물건(시장)	어떻게 하면 모든 사람이 컴퓨터를 쓰도록 만들 수 있을까?	누구나 사용할 수 있는 컴퓨터 개발

가장 중요한 것은, 그 질문들이 결국 "어떻게 하면 모든 사람이 컴퓨터를 쓰도록 만들 수 있을까?"라는 명확한 문제 정의로 이어졌다는 점이다. "모든 책상 위에 컴퓨터를"이라는 마이크로

소프트의 비전은 세상을 바꿀 기업의 단초가 되었다.

질문을 통한 문제 정의의 힘

'왜 이 드라마가 떴을까?' '왜 이 브랜드가 성공했을까?' 나는 습관처럼 이런 질문을 던진다. 드라마 안에 담긴 시대정신을 캐고, 히트하는 브랜드의 포지셔닝은 뭐가 다른지를 생각한다. 내 분야와 상관없어 보여도 질문을 하다 보면 어느새 "우리 회사가 시장에서 해결해야 할 진짜 문제는 무엇인가?"라는 정의로 귀결되는 것을 경험할 수 있다.

'왜'라는 의문이 없으면, 트렌드도, 데이터도, 소비자도 흐릿한 배경처럼 지나간다. '왜'가 명확한 문제 정의로 다듬어지지 않으면, 아무리 좋은 질문도 구체적인 성과로 이어지지 않는다.

좋은 기획자는 질문하는 사람이다. 그리고 그 질문을 통해 해결해야 할 진짜 문제를 정의하는 사람이다. 식품 박람회에서 내가 후배에게 알려주고 싶었던 것이 바로 이것이었다. '지금 가장 두드러지는 카테고리는 뭘까?' '이 브랜드가 이런 포지셔닝을 택한 이유는 뭘까?'라는 질문에서 시작해, '우리가 시장에서 만들어내야 하는 진짜 소비자 가치는 무엇인가?'라는 정의에 도달해야 한다. 그게 없으면 받아온 명함만 쌓인다. 서랍 속에서 빛도 보지 못한 채.

나는 후배에게 말했다.

"오늘 명함 몇 장을 받았는지 보다, 질문 몇 개를 들고 갔는지, 그리고 그 질문들이 어떤 문제 정의로 이어졌는지가 더 중요해."

공부도 질문을 많이 하는 아이가 제일 잘한다. 질문이 명확한 문제 정의로 발전할 때, 비로소 혁신적인 해결책이 나온다.

기획자는 '더듬이'를 달고 살아야 한다. 시장의 미세한 변화, 소비자의 사소한 습관, 기술의 낌새까지 감지해 내는 예민한 안테나. 그리고 그 감지한 신호들을 하나로 모아 "우리가 지금 해결해야 할 가장 중요한 문제는 무엇인가?"라고 정의할 수 있는 통찰력.

모든 성공적인 기획의 출발점은, '왜'라는 아주 단순한 물음에서 시작해 소비자의 문제 해결에 도달하는 과정이다. 그리고 그 정의된 문제가, 세상을 바꾸는 단초가 된다.

/
오감 그 이상으로 탐색하라
/

나는 일 년에 한두 번씩 일본을 찾는다. 일본은 고령화 지수가 높고, 건강한 식문화를 지향하면서, 삶의 양식이 우리와 비슷하기 때문에 일본의 사회·문화를 잘 살펴보면 그 안에서 한국의 내일을 미리 마주할 수 있다.

일본에서의 경험을 제품에 녹여내 한국 시장에 풀어보고자 했던 브랜드가 바로 '하코야'이다. '하코야'는 일본어로 '선물 가게'라는 뜻이다. 나는 하코야에 일본의 맛뿐만 아니라 일본에서 보고, 듣고, 느꼈던 것들을 모두 담고 싶었다.

오감으로 사냥하라
상품기획자는 경험을 사냥하는 사람이어야 한다. 나는 일본에서 경험한 오감을 하코야에 담기로 했다. 내가 일본에서 느낀 설렘을 많은 사람에게 선물하고 싶었다.

'하코야 통! 닭다리살꼬치'는 시각, 청각, 후각에 집중한 상품이다. 도쿄의 선술집을 방문했을 때다. 주인은 바 뒤에서 꼬치를 구워냈다. 나는 바에 앉아서 주인이 꼬치를 어떻게 만드는지, 어느 정도 익었을 때 꼬치를 뒤집는지를 유심히 지켜보았다. 벌겋게 열을 내는 불과 그 위로 익어가는 꼬치, 맛있게 피어오르는 연기는 보는 것만으로도 입에 군침이 돌았다. 맥주에 취한 사람들이 웃고 떠드는 모습이 아스라하게 느껴졌다. 치이익, 꼬치가 익어가는 소리와 술잔이 부딪히고 와자지껄 떠드는 소리가 완벽한 하모니를 이루었다.

선술집의 냄새는 어떠했는가? 후각은 가장 강렬하고 오래 기억에 남는 감각이다. 후끈한 불 냄새와 소고기, 돼지고기, 닭고기 등 각종 고기류부터 버섯, 마늘, 고추 등 다양한 야채가 익어가는 냄새, 꼬치에 발라진 달짝지근한 양념의 냄새가 지금도 코끝에 선명하다.

'하코야 통! 닭다리살꼬치'는 이런 감각들을 바탕으로 리뉴얼했다. 고객이 제품을 경험할 때 내가 선술집에서 느낀 시각적, 후각적, 청각적 요소들이 같이 전달되기를 바랐다.

'하코야 살얼음동동 냉메밀소바'는 메밀면의 맛과 식감은 물론, 시원함을 극대화하기 위해 노력한 제품이다. 일본에서는 소바를 주로 찍어 먹는 방식으로 즐기지만, 한국인은 여름철 시원한 국물을 떠먹는 데 익숙하다. 하코야는 이 간극을 '드링킹 소바'라는 컨셉으로 해석해, 국물 위에 살얼음을 띄워 마지막 한 숟갈까지 시원함이 유지되는 제품으로 탄생시켰다. 냉면 중심의 한국 시장에서 매력적인 여름 상품으로 인기를 끄는 이 제품은 여름에는 수십만 개가 판매되며, 내가 담당하는 동안에는 전년비 두 배 이상의 성장을 만들어냈다.

오감 그 이상의 감각

나는 여기에 감정이란 감각을 더하고 싶다. 교토의 오반자이おばんざい●는 평범한 가정식이 아니다. 밥을 짓는 순간부터 그들은 '식(食)'을 하나의 의식처럼 대한다.

혼자 식당에 들어선 손님은 자신이 사용할 그릇을 고르고, 밥이 지어지는 소리와 향을 느끼며 식사가 차려지길 조용히 기다린다. 식사가 차려지는 90분 동안, 음식을 만드는 사람과 먹는 사람 모두 음식의 온도, 식기의 감촉, 마지막 누룽지 한 입까지 온 감각을 열어두고 식탁에 집중한다. 주인은 밥솥의 모양, 밥이 지어지는 상태, 누룽지의 양까지 보여주면서 천천히 반찬을 내어오며 식사 시간을 하나의 의식처럼 만든다. 식사가 끝나고도 배가 살짝 고플 만큼 소박한 구성임에도, 식사를 차리는 사람이

● 교토 지방에서 귀한 손님을 대접하는 식문화

나 받는 사람 모두의 얼굴에는 충만한 행복감이 어려 있다.

하코야 브랜드가 고객들에게 전달하고 싶은 것이 바로 일본 여행지에서의 설렘과 기억, 오반자이 같은 음식이 주는 진정성이었다.

좋은 상품기획은 단순한 모방이 아니라, 문화와 경험을 재해석하는 데에 있다. 당신이 차별화된 상품을 만들고 싶다면, 먼저 오감으로 느껴야 한다. 책상 앞에서 데이터만 들여다보는 기획자는 결코 소비자의 마음을 움직이는 제품을 만들 수 없다. 하코야의 사례처럼, 진정한 차별화는 서로 다른 문화를 몸소 체험하여 깊이 이해하고, 그것을 브랜드가 가진 역량과 타깃 소비자의 문화적 코드에 맞게 재해석하는 과정에서 탄생한다.

시장을 잘 이해하고 싶다면, 많이 찾고, 만져보고, 고민하자. 현장에서 얻은 영감이야말로, 더 생생하고 강력한 기획의 재료다. 상품기획자는 최고의 소비자이자 가장 예민한 관찰자가 되어야 한다. '하늘 아래 맛으로 구현 못할 제품은 없다'라는 생각으로 응용하자. 그리고 그것을 기획하고 만들 때에는 자신만의 추억을 담자.

/
가서 만나고, 이야기하라
/

공차코리아의 마케팅 고문으로 일하던 시절, 나는 한 가지 고민에 부딪혔다. 회사는 단맛 위주의 상품으로 시장을 확장해왔지만, 그 공식이 더는 통하지 않는다는 신호가 곳곳에서 감지되었다. 버블티는 여전히 인기가 있었지만 새로 들어온 대만 브랜드들이 한국 시장을 장악해 나가고 있었다. 당시엔 공차코리아가 시장 점유율 1위를 기록하고 있었지만 시장은 빠르게 변하고 있었고, 새로운 히트 상품이 필요한 시점이었다.

숫자보다 필요한 것
회의실에서는 날이 갈수록 긴장감이 고조되었다.
"작년 같은 성장률을 기대하기 어렵습니다."
마케팅 팀장의 보고에 침묵이 흘렀다.

"경쟁사들이 너무 빠르게 따라오고 있습니다."

신제품 기획자는 땀을 닦으며 말했다.

하루는 팀장 회의가 끝난 후, CEO가 나를 따로 불렀다.

"이대로 가면 내년엔 어떻게 될까요?"

"솔직히 말씀드리면, 성장률의 정체라는 덫에 빠질 수도 있습니다."

"대책은요? 신규 프로젝트팀을 구성하면 답을 찾을 수 있을까요?"

수많은 보고서와 데이터를 분석하며 답을 찾으려 했지만, 직감적으로 알았다. 우리에게 필요한 것은 숫자가 아니었다. 고객이 진짜 원하는 것을 알기 위해서는 가서, 만나고, 이야기해야 했다.

나는 결단을 내렸다. 자비를 들여 금요일 밤 대만행 비행기 티켓을 끊었다. 버블티의 본고장 대만에서 버블티 다음으로 어떤 음료가 시장의 흐름을 주도하고 있는지 직접 확인하기 위해서였다. 현장을 직접 보기 위해 떠난 것이다. 회사에는 개인 일정이라고만 알렸다.

브랜드를 경험한다는 건

토요일 아침, 타이베이 공항에 내린 나는 미리 적어온 음료 매장 목록을 들고 곧장 목록의 가장 위에 적힌 매장으로 향했다. 첫 번째 매장을 방문한 이후로도 주말 내내 열 곳이 넘는 티 프랜차이즈 매장을 돌았다. 예상했던 것보다 훨씬 더 빠르게 진화한 시장이 눈앞에 펼쳐졌다.

'행복당幸福堂' 매장 앞에 서자 진한 흑당 향이 코를 자극했다. 유리창 너머로 보이는 직원들은 마치 공연을 하듯 흑당을 직접 만들고 있었다. 기획자라면 그걸 보고 단순히 멋있다고 생각하는 것이 아니라, 해당 브랜드가 고객들에게 어떤 모습을 보여주고 싶어 하며, 무엇을 어떤 식으로 전달하고 있는지 고민해야 한다. 발길을 불러 세우는 진한 흑당 냄새와, 흥미로운 볼거리. 그 뒤에 따라오는 달콤한 티 한 잔. 행복당은 음료가 아니라 경험을 팔고 있었다.

또 다른 티 브랜드인 '우티WOOTEA'는 세련된 미니멀 디자인으로 젊은 고객들에게 인기가 좋았다. 매장에서 오렌지 티를 음미하는 대학생들의 표정은 마치 와인을 시음하는 것처럼 진지했다. '쿵푸티KUNG FU TEA'는 귀여운 캐릭터가 춤을 추는 디지털 사이니지로 아이들의 시선을 붙잡았다.

단맛 중심의 상품이 대부분이던 과거와 달리, 건강을 지향하는 새로운 음료들이 거리마다 자리 잡고 있었다. 과일을 응용한 다양한 메뉴들은 선명한 컬러로 시선을 사로잡았고, 브랜드마다 개성 넘치는 컨셉과 스토리로 무장하고 있음을 눈으로 확인할 수 있었다.

대만에서의 두 번째 날, 나는 한국의 전시회에서 명함을 교환했던 대만 음료 프랜차이즈 '미스터 위시MR.WISH' 담당자에게 직접 연락했다. 갑작스러운 연락에도 그는 흔쾌히 나와주었다. 도심 외곽의 매장에서 만난 대표는 예상보다 젊었다. 서른 중반으로 보이는 그는 열정적으로 브랜드 스토리를 들려주었다.

"우리는 은퇴한 분들에게 새로운 시작을 선물하고 싶었어요. 그냥 프랜차이즈가 아닌, 꿈을 이루는 플랫폼이죠."

현장에 가서, 사람을 만나고, 직접 이야기를 나누자 사무실에서는 절대 얻을 수 없는 인사이트가 쏟아졌다. 회의 자리에 함께 나온 미스터 위시의 매니저가 다양한 티를 트레이에 담아 들고 왔다.

"요즘은 젊은 세대가 건강한 과일 티를 즐겨요. 이건 우리의 시그니처 라인인데, 한번 맛보세요."

매니저는 다섯 종류의 티가 담긴 컵을 내려놓았다. 복숭아, 리치, 오렌지, 망고, 파인애플과 티를 조합한 음료였다. 첫 모금을 마시자마자 나는 놀라움을 감추지 못했다. 기존의 티 음료보다 훨씬 깊은 맛이 혀를 감쌌다. 버블티의 한계를 넘어서고, 새로운 시장도 도전해 볼 수 있을 거 같았다. 상품의 맛, 퀄리티 그리고 스토리까지, 한국에서도 충분히 구현 가능하다는 생각이 들었다.

대표는 계속해서 자신의 철학을 이야기했다.

"우리는 그냥 음료를 만드는 게 아니라, 사람들이 행복할 수 있는 순간을 만듭니다."

그의 말 한마디 한마디에서 나는 진심과 열정을 느꼈다. 가서, 만나고, 이야기하니 보고서 백 장으로 담지 못할 진실이 보였다.

"한국에서는 퇴직 후 어떤 비즈니스를 주로 시작하나요?"

"치킨집이나 편의점이 많습니다."

"흥미롭네요. 대만에서는 감각적인 음료 브랜드를 만드는 것이 트렌드입니다. 퇴직 후 새 삶을 시작하는 플랫폼으로요."

솔깃했다. 퇴직한 아저씨의 감성 브랜드라, 이거라면 한국에서도 통할 거라는 강한 확신이 들었다.

일요일 저녁, 호텔 방에서 그간 모은 자료들을 정리하며 나는 새로 발견한 내용을 어서 공유하고 싶어 맘이 급했다. 사진과 메모, 그리고 컵까지 모두 챙겨 월요일 아침 비행기로 귀국한 나는 챙겨온 여러 티 브랜드들의 종이컵을 씻어 회의실 테이블 위에 진열했다. 회의실 문을 열고 들어온 신규 프로젝트 팀원들의 눈이 휘둥그레졌다.

"이게 다 뭐예요?"

"대만에 다녀왔습니다. 직접 가서, 만나고, 이야기했더니 이런 인사이트를 얻었습니다."

나는 브랜드별로 다른 각양각색의 컵의 사이즈와 디자인을 비교하며 현장에서 느낀 모든 것을 팀과 공유했다. 스마트폰에 담긴 매장 사진들을 보여주며 설명했고, 미스터 위시의 대표와

나눈 대화를 생생하게 전달했다. 팀원들의 눈빛이 달라지기 시작했다.

"이걸 우리도 할 수 있을까요?"

"할 수 있습니다. 그리고 더 잘할 수 있습니다. 우리도 이제 고객을 찾아가서, 만나고, 이야기할 때입니다."

빠르게 정리한 보고서와 현장에서 만난 사람들의 이야기를 바탕으로 신규 프로젝트팀은 향후 제품 기획의 방향성을 구체화했다. 그리고 프루트 티를 포함한 다양한 라인업을 확대함으로써 티 전문 회사로 포지셔닝을 강화하는 전략을 제안했다.

기획자는 현장을 경험해야 한다. 가서, 만나고, 이야기해야 한다. 그것이야말로 진짜 인사이트의 출발점이다. 보고서에 담기지 않는 냄새와 공기, 점주의 말투와 손님들의 표정까지. 진짜 기획은 거기서부터 시작된다.

/
창의적 조합의 기술
/

기존 시장에서 새로운 시장을 만드는 방법은 무엇일까? 기획자에게 이 질문은 단순한 과제가 아니라 지속 가능한 브랜드를 만들기 위한 본질적인 탐구다. 나는 이 질문에 대한 실마리를 세 가지 영역에서 찾았다. '원재료', '레시피', 그리고 '디자인'이다.

식품의 본질은 원재료에서 시작된다
깨끗하고 건강한 원재료를 발굴하는 일은 단지 품질을 높이기 위한 노력이 아니다. 그것은 브랜드의 철학이자 고객과의 약속이며 사업의 지속성을 결정짓는 핵심 요소다.

 CJ 제일제당에서 '행복한 콩' 브랜드를 맡아서 두부를 기획할 때, 나는 구매팀과 함께 두부의 원재료인 콩을 찾아 전국을 돌았다. 비포장 농로를 따라 한참 차를 몰고 들어가면 지역 농가와 연결된 창고들을 찾을 수 있었다. 정장을 입은 채 장화를 신고 걸어 들어가 포대에 담긴 콩을 알알이 눈으로 보고 만져 보았다.

경상도 어느 산간 마을에서 만난 농부가 내게 건넨 콩 한 줌은 아직도 잊을 수 없다.

"이건 우리 집안에서만 키우는 토종 콩이에요. 50년 넘게 이어져 온 거죠."

그 순간 콩은 더 이상 원재료가 아니라 하나의 역사가 되었다. 계약서에 적힌 농민들의 이름이 품질 보증이나 마찬가지였다. 콩 한 알에도 신뢰가 담겨야 한다는 사실을 이때 배웠다.

'햇반'을 맡았을 때는 쌀이 모든 것이었다. '밥보다 맛있는 밥'이라는 슬로건은 연구소의 사명과도 같았다. 어느 날 한 연구원이 내게 말했다.

"쌀은 전국적으로 품종에 따라 맛이 달라요. 어떻게 블렌딩하는가가 밥의 찰기와 맛을 결정합니다."

그 한마디에 책임을 지려는 연구원들의 끝없는 노력이 오늘날 '밥의 대명사 햇반'이 되는 결정적 요소였다.

'비비고 김'을 담당했을 때도 마찬가지다. 김은 원초의 상태가 모든 걸 좌우한다. 계절과 해류, 양식장의 위치까지. 구매 담당자들은 직접 해남과 완도를 돌며 최상의 원초를 확인하고, 풍미를 체크한다. 원초를 책임지는 실무자는 늘 이렇게 말했다.

"좋은 원초는 기다리는 자의 몫이에요."

기획자는 그렇게 때로는 계절을 기다리는 사람이어야 한다.

창의적인 레시피는 새로운 시도에서 탄생한다

원료가 기본이라면, 레시피는 맛의 설계도이자 브랜드의 개성이다.

신제품 기획 중 한 연구원의 시도는 새로운 상품을 만드는 계기가 됐다. 그는 "소금은 짠맛이 아니라 타이밍과 어울림이에요"라고 말했다. "소금은 콩국수에 넣어먹으면 콩국을 더욱 고소하게 하고 파스타면을 삶을 땐 면을 더욱 탱탱하게 한답니다." 그는 소금을 마술처럼 변신하는 비밀 병기로 쓰며 맛을 다채롭게 하기 위해 활용하고 있었다.

특히 레시피를 만들 때 주의해야 하는 건 소스 하나도 존재 이유가 있어야 한다는 것이다. 소스는 '맛의 결정타'가 되는 한 방이다. 제품 기획 단계에서 항상 묻는다. "이 소스는 왜 필요한가?" 그것은 단순히 달고 짜기 때문이 아니라, 원재료의 맛에 매력을 더하고 기억에 남는 맛이 되기 위해 존재해야 한다. 완성된 재료에 느낌표를 찍는 것도, 마침표를 찍는 것도 결국 소스다.

디자인에 스토리를 담아라

이제 소비자는 맛보다 먼저 이미지를 소비한다. 진열대 앞에서, 스마트폰 화면 속에서 소비자는 이미 브랜드의 디자인을 보고 상품을 평가하고 있다. '사고 싶게 만들라'는 말은 이제 마케팅이 아니라 생존의 조건이 되었다.

해외 출장 중, 한 외국인이 비비고 김치 제품을 집어 들고 한참을 고심하듯 보고 있는 것을 본 적이 있다. 한글을 모른다면 포장지에 한글로 적힌 광고 문구를 전혀 이해하지 못할 텐데도 그는 포장지를 한참 살펴보더니 결국 그 김치를 구매했다. 그가 김치를 구매하는 것을 보고, 다가가 무엇을 보고 비비고 김치를 샀는지 물었을 때, 그는 간단명료하게 대답했다.

"패키지가 나에게 이 김치에 대해 이야기를 해주는 것 같았어요."

'비비고 김치'를 맡았을 때 디자인팀과 수십 번 회의를 했던 이유가 드러나는 순간이었다. 비비고 김치는 국내산 주요 원재료를 사용하고 특히 유산균으로 일관된 맛과 품질을 유지한다는 메시지를 디자인에 담고자 했다. 글로벌 영상을 만들 때는 같은 메시지를 색상, 사운드, 질감으로 나타내기 위해 고민했다. 이런 노력들이 소비자로 하여금 맛을 상상하게 하는 장치가 되고, 세계인이 사랑하는 K-푸드 콘텐츠로 이어지기도 했다.

원재료, 레시피, 디자인은 '삼위일체'가 되어야 완성된다. 원재료, 레시피, 디자인 중 어느 하나만 뛰어나선 의미가 없다. 세 가지가 조화롭고 완벽하게 결합될 때 비로소 제품은 생명력을 얻는다.

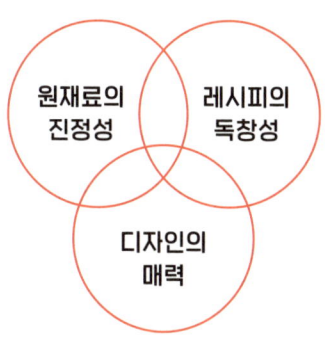

비비고 김과 만두에 담긴 창의성

앞서 얘기한 비비고의 '직화구이 김' 프로젝트는 세 요소가 잘 맞아떨어진 제품이다. 먼저 최고의 원초를 찾아 전국 양식장을 돌았다. 바다의 염도, 조류, 햇빛의 양까지 고려해 가장 두껍고 향이 풍부한 김의 원초를 선택했다. 그다음, 생산 라인에서는 어릴 적 추억의 직화 맛을 재현하기 위해 불꽃의 온도와 구워지는 시간을 수백 번 테스트했다. 마지막으로 디자인 담당자는 프로젝트 과정에서 우리가 고민하고 노력한 가치가 잘 전달될 수 있는 패키지를 디자인했다. 뜨겁게 타오르는 불꽃 위에서 구워지는 김의 이미지를 포장에 담아서 뜯자마자 바삭거리는 소리가 느껴지도록 했다. 출시 후 "엄마가 구워준 김 같아요"라는 소비자 후기를 받았을 때, 우리는 이 제품이 최적의 조합으로 완성되었음을 느꼈다.

세계적으로 히트한 '비비고 만두' 역시 원재료의 진정성(육즙이 풍부한 돼지고기와 신선한 야채), 레시피의 독창성(삼천 번 이상을 치대서 만든 만두피와 만두소의 최상의 조합), 디자인의 매력(전통 미만두의 모양을 본뜬 만두의 형태와 이를 반영한 패키지)을 통합했다. 그렇게 탄생한 하나의 제품은 단순한 음식이 아니라, 한국의 식문화와 브랜드의 철학이 담긴 작품이 된다.

기획에서 창의력은 결국 세밀한 탐색과 설계의 결과다. 원재료를 찾아다니는 발품, 수많은 레시피 조합을 실험하는 입맛, 그리고 소비자의 감각에 맞는 디자인까지. 기획자는 이 모든 과정을 하나로 엮어내야 한다.

창의적 조합의 가능성은 무한하다. 전통을 혁신으로 연결하고, 지역을 세계로 확장하며, 재료를 경험으로 승화시키는 것. 그것이 바로 새로운 시장을 만드는 창의적 조합의 기술이다.

어제의 맛을 오늘의 기술로 내일의 경험으로 만드는 여정 속에서 새로운 시장을 만드는 문화가 탄생한다.

/
지역의 맛을 찾아라
/

기획자는 메뉴 하나를 만들 때도 질문해야 한다. 이 메뉴는 어떻게 탄생했는가? 어떤 재료가, 어떤 사람들의 삶과 연결되어 있는가? 그렇게 출발할 때, 평범해 보이는 메뉴에도 이야기가 생기고 정체성이 생긴다.

섭국과 물떡을 어떻게 상품으로 만들 수 있을까
나는 그런 정체성을 지역색에서 자주 찾는다. 이때 지역색은 단순히 지명을 넣는 것이 아니라, 그 지역의 식문화와 생활, 감성을 담는 일이다.

어느 겨울, 강원도 양양의 작은 식당에서 섭국을 처음 봤을 때를 잊을 수 없다. 지역 어르신들로 가득 찬 식당에서 나는 유일한 외지인이었다. 따뜻한 국물에서 피어오르는 바다 내음이 식당을 가득 채우고 있었다.

'섭'은 홍합을 뜻하는 강원도 사투리다. 섭국은 섭을 갈거나 통째로 넣어 끓인 국물 요리다. 얼핏 매운 홍합탕과 비슷해 보이지만, 맛은 전혀 다르다.

첫 술을 떴을 때, 깊은 바다 맛이 코끝에서 폭발했다. 같이 넣고 끓인 부추와 계란이 섭과 어우러져 깊고 부드러운 풍미를 한껏 끌어올렸다. 많은 사람에게 익숙한 맑은 홍합탕과 확실히 다른 요리였다.

나는 섭국을 상품화하고 싶었다. 어른들에겐 향수를, 젊은 세대에겐 신선하고 새로움을 전달하는 메뉴가 될 수 있을 거라고 생각했다. 샘플을 사서 먹어보고 연구실에서 몇 번의 테스트를 해보고 난 뒤 연구원들은 안되겠다고 손을 들었다. 홍합을 다루는 기술 부족이 첫 번째 난관이었고, 두 번째로는 음식에 껍질이 들어갈 위험이 크기 때문에 소비자 클레임 우려가 심각하다고 했다. 결국 이 상품은 구현에 실패했다.

실패에서 배운 교훈은 명확했다. 지역색을 담는 것은 단순히 맛을 복제하는 것이 아니라, 그 맛을 현대적 기술과 상황에 맞게 재해석하는 작업이다. (섭국은 언젠가 반드시 다시 도전하고 싶은 제품으로 남아 있다.)

상품화하려고 했던 지역 음식에는 부산의 물떡도 있다. 부산에 들를 때마다 찾는 부산역 근처 어묵 가게에서 우연히 만난 음식이었다.

 물떡은 부산 사람들이 어묵 국물과 함께 먹는 가래떡 꼬치를 말한다. 서울에서는 어묵 국물에 어묵 꼬치 말고는 다른 꼬치를 넣지 않는데, 부산에서는 꼬치에 꿴 가래떡을 쉽게 찾아볼 수 있고, 밥 대신 먹기도 한다. 쫀득한 식감이 어묵과 어우러져 깊은 맛을 느낄 수 있다.

 가게 주인에게 물떡에 대해 자세히 물으니 국물에 떡을 담그는 법부터, 어묵과 함께 먹는 순서까지 자세히 알려주었다. 그는 40년 넘게 이 가게를 운영해왔다고 했다.

 "부산 사람들은 이렇게 먹는 게 당연한 거예요. 서울 사람들은 처음엔 좀 낯설어 하더라고요."

 단순한 떡이지만, 부산 사람들에게 물떡은 그 자체로 추억이자 문화다. 나는 물떡을 상품화하면서 단순한 이색 분식이 아닌 부산인들이 물떡에 가지고 있는 향수와 정서를 함께 표현하고자 했다. '담백한 어묵과 물떡과의 환상의 조합'으로 패키지에 표현하며 시장에 새롭게 제안된 이 상품은 부산지역의 사람들에게도 사랑받았지만 부산에 추억을 가지고 있는 사람들도 좋아하는 상품이 되었다.

달라진 미역국과 콩나물국밥

완도 전복 미역국은 지역색이 상품 차별화에 어떻게 기여할 수 있는지를 잘 보여주는 또 다른 예시다. 한식 가정간편식을 기획할 때 나는 전국의 미역국 맛집을 다니며 레시피를 수집했다.

미역국을 프리미엄 제품으로 자리 잡게 하려면 차별화된 재료가 필요했다. 우리가 선택한 재료는 전복이었다. 완도산 전복은 품질이 뛰어나고 산지에서 바로 가공할 수 있어 신선도가 탁월했다. 개발 팀은 미역국에 들깨가루를 약간 넣어 깊이를 더하고, 전복의 풍미를 살려 냈다.

지역 특산물을 활용할 때는 단순히 원산지만 따지는 것이 아니라, 그 지역 사람들이 재료를 어떻게 다루고 즐기는지까지 배워야 한다. '한반 완도 전복 미역국'은 출시 후 "집에서 끓인 것 같다"는 호평을 받았고 높은 매출을 달성했다.

'햇반컵반' 콩나물국밥 사례도 있다. 전주 사람들에게 콩나물국밥은 술을 마신 다음 날 해장을 위해, 속이 허한 날 든든하게, 혹은 이른 아침 출근길에 따뜻한 한 끼로 자리한다.

새벽 6시, 아직 어둠이 가시지 않은 전주 남부시장을 찾아갔다. 불이 켜진 국밥집 앞에는 이미 사람들이 줄을 서 있었다. 맑고 깊은 육수, 아삭한 콩나물, 마지막에 말아 먹는 수란까지. 우리는 이 모든 요소를 컵반이라는 간편식 안에 구현하고자 했다.

제품 개발 당시 나는 전주의 국밥집을 찾아다니며, '진짜 전주식 국밥이란 무엇인가'를 고민했다. 나는 특히 전주 한국의 집 근처의 '왱이 콩나물국밥'의 마니아이다. 진한 국물은 해장용 속

풀이로 제격이고, 특히 추운 겨울에 먹으면 뜨끈한 국물이 금세 온몸을 따뜻하게 데운다. 상품을 기획하는 시기에도 그리고 제품이 출시된 이후에도 나는 매해 연말이면 전주를 찾아가서 깊은 소울 푸드의 맛을 느끼고 돌아온다. 레시피를 묻는 습관은 오랜 직업병이다. 이날도 주인에게 레시피를 묻자 인상 깊은 대답이 돌아왔다.

"내가 40년 동안 매일 아침 똑같이 끓여요. 그게 비법이지."

투박한 대답이었지만 요리의 정수 같은 것이 느껴지는 대답이었다.

가공식품에 현지 식당의 맛을 그대로 담기에는 어려움이 많다. 수란도 아직은 기술적으로 구현이 어렵고, 따로 찍어 먹거나 입맛에 따라 넣어 먹는 새우젓을 간편식에 구현하는 것도 쉽지 않다. 그러나 안 되는 것을 붙잡고 있기보다 가능한 부분의 장점을 최대로 살리는 것이 좋다. 우리는 콩나물에 집중했다. 콩나물의 아삭한 식감을 살릴 수 있는 최적의 데침 시간을 찾아냈고, 감칠맛이 나면서 개운한 국물 맛을 구현했다.

출시 이후 몇 차례의 업그레이드를 통해서 햇반컵반의 콩나물국밥은 황태 콩나물국밥으로 거듭나 소비자들과 만나고 있다. 우리는 소비자들이 전주에 가지 않아도, 집에서 전주의 아침을 만나게 하고 싶었다.

지역적으로 특색 있는 상품을 만들 때의 핵심은 완벽한 복제가 아니라, 핵심 정서와 맛의 특징을 찾아내는 것이다. 지명을 넣는다고 지역색이 담긴 상품이 되지 않는다. 실제로 그 지역 사람들이 일상에서 즐기는 방식과 감성을 제품에 녹여내야 한다. 음식을 먹는 것으로 해당 지역에 다녀온듯한 경험을 제공해야 한다. 지역의 향토성은 곧 브랜드의 차별점이 되며, 이를 통해 익숙한 음식이 색다른 경험이 되는 지점을 만들어 낸다는 것을 잊지 말자.

/
작지만 강한 시장을 찾자
/

 수년 전, 이태원의 한 비건 식당에서 느꼈던 아쉬움이 아직도 선명하다. 기대를 품고 갔지만 메뉴가 제한적이라는 생각이 들었고, 평소 자극적인 맛에 익숙했던 내게는 흥미롭게 다가오는 요리가 없었다. '역시 비건은 맛이 부족해'라는 편견이 고개를 들었다.
 하지만 몇 년 후, 미국의 한 비건 식당에서 그런 생각이 싹 바뀌는 경험을 했다. 식당 앞에는 긴 줄이 늘어서 있었고, 콜리플라워로 만든 요리와 콩고기로 구현한 스테이크 같은 메뉴가 그려진 메뉴판은 먹음직스러워 보였다. 나도 그 음식들을 먹어보기 위해 긴 줄에 합류했다. 마침내 나온 음식들의 맛은 놀라웠고, 식재료와 재료를 다루는 기술이 어디까지 진화했는지를 체감할 수 있었다.

풀무원이 바른먹거리의 대명사가 된 이유

같은 재료여도 기술과 소비자 인식의 수준이 달라지면 제품의 운명도 달라진다. 기획자로서 나는 이 경험을 통해 하나의 교훈을 얻었다. 제품 자체만이 아니라 '시장의 준비도'까지 읽어야 진짜 타이밍을 잡을 수 있다는 것이다. 아무리 훌륭한 제품도 시장이 미성숙할 때는 외면받고, 반대로 성숙한 시장은 다소 아쉬운 제품도 포용한다. 이것이 상품기획에서 '사회적 타이밍'이 중요한 이유다.

한국에도 콩고기로 햄과 소시지를 만들어온 기업들이 많았다. 하지만 실패를 반복해왔다. 소비자들에게 콩고기는 너무 낯선 식재료였고, '야채보다 고기가 더 가치 있다'는 생각이 깊이 자리 잡고 있었기 때문이다.

이런 생각도 최근 풀무원의 '지구식단'을 보며 달라졌다. 풀무원은 두부와 콩나물로 오랜 시간 '바른먹거리' 브랜드를 구축해온 회사답게, 식물성 식품이라는 정체성에 명확한 포지셔닝을 더하며 브랜드를 새롭게 정의했다. 오랜 시간 우리 곁에 있어 온 브랜드가 '지구식단'이라는 이름으로 다시 태어나는 과정은 기획자로서 감탄을 자아냈다.

지구식단은 그야말로 '풀무원스러움'의 집약체다. 두부면, 두부텐더, 콩단백 햄까지. 제품 하나하나에서 풀무원이 콩에 대한 깊은 이해와 기술력을 가지고 있음을 알 수 있다. 게다가 연속적인 제품군은 브랜드의 전문성을 강화한다. 바른먹거리 브랜드라는 기존의 강점을 중심으로 인접 시장을 차례차례 확장하는 이 전략은 '단계적 확장'의 좋은 예다. 모험보다 설득을 선택했다는 것. 그 사실이 오히려 풀무원스러움이 무엇인지 가장 잘 보여주었다.

식물성 소재는 수출 경쟁력이 높고, 실제로 학교 급식을 포함한 B2B 시장까지 빠르게 확장되고 있다. 거대한 대중 시장이 아니라, 작지만 뾰족한 시장에 집중한 결과다. '지구식단'이라는 브랜드 이름 또한 힘이 있다. 우리는 모두 환경을 지켜야 한다고 생각하지만, 일상에서는 그 사실을 종종 잊는다. 이 추상적 주제를 실질적 식단이라는 형태로 끌어내 현실의 선택지로 만든 것. 그것이 브랜드의 역할이자 기획의 힘이다.

케어푸드는 미래 먹거리

또 하나 주목하는 브랜드는 현대그린푸드의 '그리팅'이다. 이곳은 케어푸드라는 개념이 낯설던 시절부터 꾸준히 그 시장에 집중해왔다. 대기업에서 마케팅을 해본 사람이라면 안다. 수익성이 더디고 시장이 작으면 그 이유만으로 얼마나 더 많은 회의가 추가되고 난관이 늘어나는지. 그럼에도 이 브랜드는 계속 가고 있다.

케어푸드는 고령화라는 거대한 사회적 변화 속에서 분명히 폭발적인 성장을 앞두고 있다. 통계청에 따르면 2025년 한국의 65세 이상 인구 비중은 20.3%로, 한국은 이미 초고령 사회다. 더 중요한 건 50대 이상 인구가 전체의 40%를 넘는다는 점이다. 즉, 케어푸드는 단순한 '노인을 위한 식품'이 아니라, '건강을 의식하는 중장년 전체'가 대상인 상품군이라는 의미다.

유로모니터에 따르면 글로벌 건강기능식품 시장은 연 5~8%씩 성장하고 있으며, 전 세계에서 아시아가 가장 빠르게 성장 중이다. 그런데 여전히 많은 소비자는 '맛있는 음식은 건강하지 않고, 건강한 음식은 맛이 없다'고 믿는다. 하지만 이 공식은 빠르게 깨지고 있다. 기술의 발전은 맛과 건강의 양립을 가능하게 만들고 있다.

'그리팅'은 시니어 식단이라는 정체성 위에 밥과 국, 반찬, 정기 구독식 식단 서비스를 구축해나가고 있다. 단품부터 프리미엄 구성까지, 제품을 고도화하며 데이케어 센터, 요양원 등 복지시설로도 영역을 넓히고 있다.

건강기능식품 시장의 핵심은 '계기'다. 이런 상품은 대부분 질병 치료, 건강검진 결과, 가족의 권유 같은 특정 사건을 계기로 처음 구매하게 된다. 즉, 고객이 시장을 선택한 게 아니라 상황에 의해 진입하게 된다. 그렇다면 기획자는 이 계기를 어떻게 고객 여정으로 확장시킬 것인가를 고민해야 한다. 이처럼 트리거 기반 시장에서는 고객 여정 설계를 얼마나 잘 하느냐가 시장의 성패를 가르는 결정적 요소가 된다.

구독 경제는 진입 장벽은 높지만, 한 번 정착하면 고객 생애 가치가 폭발적으로 올라간다. 현대그린푸드 IR 자료에 따르면, 환자용 식단인 그리팅 메디푸드 식단의 재구매율은 60%를 넘는다. 일반 식품의 2~3배다. 반복성과 충성도, 그것은 곧 브랜딩과 기획의 성공을 의미한다.

결국, 비건과 케어푸드는 F&B 산업이 반드시 키워야 할 지속가능한 시장이다. 건강, 고령화, 지속가능성은 더 이상 트렌드가 아니라 삶의 구조다. '저속 노화'라는 말이 유행하고 있지만, 사람들은 단순히 오래 사는 것이 아니라 건강하고 의미 있게 오래 살기를 바란다.

그리고 그 욕망을 가장 먼저 읽고, 구체적인 상품으로 번역해내는 사람이 바로 기획자다.

팬덤을 만드는 스토리

/

좋은 상품엔 이야기가 있다. 소비자는 더 이상 맛만으로 반응하지 않는다. 그들이 진짜 반응하는 건, 그 안에 담긴 이야기다.

제품의 탄생부터 판매까지의 스토리가 한 눈에 보이면 소비자들은 그 제품을 이미 알고 있던 친근한 존재로 느낀다. 나도 모르게 호기심이 생기는 제품들은 그들만의 특별한 매력이 있다. '왜 이 제품이 탄생했을까?'라는 물음에 명확한 답을 들려줄 수 있을 때, 소비자의 기억에 남는 상품이 된다.

전래 동화를 글로벌 식품으로: 호랑이 젤라떡

부산 해운대 선착장을 따라 걷다 보면 커다란 호랑이 그림 간판이 그려진 아이스크림 가게가 나온다. 얼핏 보면 전통 찰떡 아이스를 연상케 하지만, 피스타치오, 아몬드, 커피 같은 이국적인 플레이버가 숨어 있다. 찰떡의 쫀득함과 젤라또의 부드러움이 어우러진 이 신개념 디저트는 따로 설명하지 않아도 한국인이라면 누구나 알고 있을 이야기 하나가 떠오르게 만든다.

실제로 '호랑이 젤라떡'이라는 이름은 전래동화 속 한 장면에서 영감을 받았다. "떡 하나 주면 안 잡아먹지"라는 구절은 어린 시절 누구나 한 번쯤 들었던 이야기다. 이 브랜드는 호랑이와 떡이 등장하는 전래 동화를 모티프로 삼아 찰떡 아이스를 현대적인 감각의 디저트로 재탄생시켰다. 이름에서도 디저트의 컨셉과 모양을 쉽게 유추할 수 있다. 이탈리아의 젤라또와 한국 전통 디저트 떡의 만남, 그래서 '젤라떡'이다.

나는 가게 앞에서 줄 서있는 낯선 사람들과 이야기를 나눴다.
"여기는 왜 이렇게 줄이 길죠?"
"저는 SNS에서 보고 일부러 찾아왔어요."
"이 줄이 마지막 줄인 것 같은데 남은 재고가 한 통밖에 없다는데 혹시 사서 같이 나눠 가질까요?"

길게 늘어선 줄의 마지막에 서게 된 나는 처음 보는 사람과 협의해서 상품을 사게 되었다. 아이스크림 하나가 만든 짧은 대화였지만, 그것조차 셀링 포인트가 되었다. 맛을 넘어서는 경험, 나눠 먹고 싶은 이야기. 입소문은 억지로 내는 것이 아니라 소비자가 공유하고 싶은 이야기가 생겼을 때 자연스럽게 퍼진다. 같은 경험을 공유하고 공감대가 형성됐을 때 만들어지는 것이 팬덤이다.

추억을 가진 팬덤은 로컬 맛집으로부터: 영주랜떡

팬덤을 가진 상품이라면 오랜 역사를 가진 로컬 맛집을 빼놓을 수 없다. 경북 영주에 위치한 분식집인 '영주랜떡'은 이름부터가 특이하다. 랜떡은 '랜드로바 맞은편 떡볶이집'이라는 뜻이라고 한다. 학교 앞 떡볶이는 익숙하지만, 신발 가게 앞 떡볶이라니?

상품기획팀 과장이 영주랜떡을 상품화해보자고 했을 때, 나는 처음엔 반대했다. "이름도 이상하고, 떡볶이랑 신발 가게랑 무슨 관련이 있어요?"라고 묻기도 했다. 하지만 〈생활의 달인〉 출연 영상, 유튜버들의 찬사, 끊이지 않는 리뷰들을 보고 듣다 보니, 점점 호기심이 생겼다.

영주랜떡에 대해 알아가고, 시제품을 만들며 맛을 본 순간, 나는 영주랜떡에 완전히 매료됐다. 어릴 적 학교 앞에서 먹었던 떡볶이, 바로 그 맛이었다. 요즘 떡볶이는 고추장을 넣어 달콤하게 만든 것이 많지만, 영주랜떡은 주로 고춧가루로 맛을 내 들쩍지근한 맛 없이 매콤하면서 담백했고, 먹고 난 뒤엔 숙성된 고추장의 여운이 남았다.

패키지를 디자인할 때도 고민이 많았다. 디자인 팀이 가져온 시안은 깔끔했지만, 나는 영주랜떡의 초창기 점포였던 포장마차의 간판을 그대로 살리자고 했다. 투박한 서체와 색감, 영주랜떡을 가본 사람이라면 바로 알아볼 수 있는 요소들을 선택했다. 세련되게 꾸미는 것보다 투박하지만 있는 그대로를 보여주는 것이 영주랜떡과 옛날 떡볶이 맛에 향수가 있는 사람들에게 진정성 있게 다가갈 수 있을 거라고 생각했다. 맛과 디자인의 본질은 '기억에 남을 진짜'를 얼마나 잘 담아내느냐에 있다.

영주랜떡을 온라인에 런칭하자마자 소비자들은 많은 관심을 보였다. '지역 맛집은 멀고 줄 서서 먹어야 하는데 궁금했던 맛을 집에서 간편하게 먹을 수 있어서 넘 좋아요.' '영주 살다가 이사 가고 나서 못 먹어서 그리웠는데, 다시 먹게 돼서 좋았어요' 이야기를 담은 제품을 상품화하는 것은 이런 후기를 듣기 위해서였나 보다.

내 가족을 대접한다는 마음으로: 이비가 짬뽕

스토리는 하나의 브랜드에만 국한되지 않는다. 다양한 이야기가 각각의 방식으로 소비자에게 다가간다. 전통과 가족이라는 가치에 주목한 또 다른 브랜드가 있다.

춘천의 '이비가 짬뽕'은 〈생활의 달인〉에 출연한 이후 전국적인 인지도를 얻고 프랜차이즈로 확장된 맛집이다. 가게에 들어서면 한쪽 벽면에 커다란 장독대 그림과 함께 짬뽕 달인의 이야기가 적혀 있는 것을 볼 수 있다.

'만드는 사람이 행복해야 먹는 사람도 행복하다.'

주인장은 손맛 좋은 할머니 밑에서 자랐다. 동네잔치를 즐겨 준비하던 할머니는 며칠을 바삐 움직이면서도 손님을 정성껏 대접하는 행복을 아셨다. 그 기억은 어린 시절 먹깨비로 불리던 손자에게 깊이 새겨졌고, 하루 24시간 1,440분을 불 앞에 서는 정성 끝에 짬뽕 국물 제조 특허까지 내게 만들었다.

짬뽕의 맛은 과하지 않았다. 고명으로 화려하게 치장하지 않았고, 오징어와 홍합, 채소로 짬뽕의 기본에 충실한 맛이었다. 특히 사골처럼 깊은 육수의 울림이 인상 깊었다. 이비가 짬뽕은 다 먹고 난 후에 가슴 한편이 뿌듯해진다. 나는 그 이유가 짬뽕에 담긴 이야기 덕이 크다고 생각한다.

각기 다른 스토리를 가진 브랜드들을 살펴보면서 나는 하나의 공통된 진실을 발견했다. 사람들의 마음을 움직이는 것은 결국 진정성이 담긴 이야기라는 점이다.

기획자에게 가장 중요한 질문은 결국 '무엇을 만들 것인가'가 아니라 '왜 만드는가'이다. 이유와 맥락이 분명할 때, 상품은 사람의 감정을 자극하는 살아있는 콘텐츠로 변모한다. 이야기가 깃든 상품은 소비자에게 공감을 불러일으키고, 그것은 '자신만의 이야기'로 발전한다.

결국 기획자는 이야기꾼이다. 스토리가 얼마나 진심을 담고 있는지, 그리고 얼마나 깊은 공감을 이끌어내는지에 따라 제품의 운명이 결정된다.

 호기심에서 피어난 작은 경험 하나가 브랜드의 강력한 서사가 될 수 있다. 상품 하나에도 사람의 마음을 움직일 명확한 이유가 담겨야 한다. 그것이 바로 팬덤을 만드는 스토리의 힘이다.

/
현재의 문제를 미래의 기회로: 큐원 알룰로스와 햇반 컵반
/

설탕을 만드는 회사는 달콤한 유혹을 다루지만, 그 이면엔 당류에 대한 깊은 고민이 숨어 있다. 도넛을 만드는 회사는 누구보다 부드러운 맛을 창조하지만, 동시에 칼로리와의 싸움도 함께 한다. 이러한 아이러니가 바로 식품 산업의 본질이다. 트렌드를 리드한다는 것은 이런 모순을 직시하고, 그 안에서 새로운 가능성을 발견하는 일이다.

달지만 달지 않게

큐원에서 마케팅 고문으로 일하던 시절, 어느 날 한 임원이 조심스레 물었다.

"고문님, 알룰로스에 대해 어떻게 생각하세요? 설탕 회사가 설탕을 줄이는 게 쉽진 않겠지만 어쨌든 가야 할 길이기도 하고…"

그 임원은 소비자의 미래를 위해 핵심 사업을 재정의할 용기가 있었다. 이것이 트렌드를 리드하는 시작점이다. 스스로 자기부정을 하는 관점에서 파괴적 혁신은 출발한다.

알룰로스는 설탕의 70% 정도 단맛을 가지면서도 체내에 흡수되지 않는, 칼로리가 거의 없는 감미료다. 당시, 미국에서는 이미 자연 감미료로 분류되어 시장을 형성하고 있었지만, 한국에서는 시장이 막 형성되는 중이었다. 관련 팀은 글로벌 시장의 흐름을 면밀히 관찰하며 한국 시장에서의 '큐원 알룰로스'의 매출 확대를 위한 다양한 전략을 고민했다.

프로젝트를 진행하는 동안 나는 소비자 인사이트를 얻기 위해 다양한 연령대의 주부들을 대상으로 수요 확대를 위한 포커스 그룹 인터뷰를 실시했다.

"평소 어떤 요리에 설탕을 사용하세요?"

"큐원 알룰로스를 써보신 적 있나요?"

이와 같은 질문에 다음과 같은 답변들이 나왔다.

"멸치볶음에 써봤어요. 물엿 대신 넣었더니 덜 끈적하고 좋긴 한데 먹었을 때 익숙한 느낌은 아니에요."

"솔직히 좀 용기 모양이 화장품 같아요. 예쁜데 아직은 손이 잘 안 가는 것 같고…"

감미료 시장은 보수적이다. 사람들은 익숙한 맛과 식감에 안정감을 느낀다. 우리는 이 인터뷰를 통해 중요한 인사이트를 얻었다. 소비자들은 건강에 대한 관심은 높지만, 익숙함과 편리함을 쉽게 포기하지 않는다는 것이다.

조사를 바탕으로 큐원 알룰로스의 감미료 시장 진입 전략을 세웠다.

첫째, 초기 얼리어답터를 공략하기. 건강에 관심이 높고 당류 구매 시 기능성을 중시하는 25세에서 34세 사이의 여성들을 대상으로 다양한 레시피를 제공하는 온라인 마케팅을 강화한다.

둘째, '설탕 대체제'가 아닌 '일상 속의 웰니스' 제품으로 포지셔닝 하기. 칼로리 걱정 없는 다이어트 제품이나 단순한 대체제를 넘어서서 더 건강한 단맛으로 생활 속에 자리 잡도록 정의한다.

셋째, 채널의 확대를 통한 경험 확산. 카페 시럽, 베이커리 재료, 디핑 소스 등으로 소비자가 큐원 알룰로스를 자연스럽게 경험할 수 있는 접점을 만들고, 온·오프라인 채널의 다각화한다.

소비자들은 알룰로스를 '설탕보다 후회가 적은 단맛'이라고 표현하기도 했다. 시장을 만드는 것은 제품이 아니라 소비자의 새로운 경험이라는 것을 증명한 사례였다. 회사는 이후 투자 라인을 확대하고 지속적인 성장을 이끌어냈다. 알룰로스가 익숙해지고 장점이 퍼지자 제로슈거 붐이 일어났고 소비자들은 식음료를 소비할 때 자연스럽게 어떤 성분으로 단맛을 내는지에 관심을 갖기 시작했다.

간편하지만 든든하게

햇반 컵반 역시 비슷한 패턴으로 시장을 창출했다. 어느 날 기획 회의 중 누군가가 말했다.

"우리 제품과 노량진 컵밥의 가격을 비슷하게 맞추는 게 가능하겠어요? 노량진에 가면 한 그릇 푸짐하게 담아주는데, 우리는 컵에 넣어봐야 양도 적고 맛도 다를 텐데…"

회의실이 조용해졌다. 나는 잠시 침묵한 뒤 말했다.

"해봅시다. 햇반도 처음엔 많은 사람이 분명히 안 된다고 했을 거예요."

우리는 컵반을 개발하며 두 가지 트렌드에 주목했다. 하나는 1인 가구의 급증이었고, 다른 하나는 가시비˙의 중요성이었다. MZ 세대는 시간을 최우선 가치로 여긴다. 이들에게 음식을 준비하는 시간은 최소화하되, 식사의 만족도는 높일 수 있는 방안을 제시하기로 했다.

소비자 심층 인터뷰를 통해 혼밥에 대한 인식을 조사했다.

● 가격 대비 시간 가치

"혼자 밥 먹을 때 가장 중요하게 생각하는 것은 무엇인가요?"

대부분의 응답자가 간편함과 함께 '한 끼로서의 완성도'를 꼽았다. 흥미로운 점은 혼밥이 단순한 끼니 해결이 아니라 자기 돌봄의 행위로 인식된다는 것이었다.

이런 인사이트를 바탕으로 컵반은 '혼밥족을 위한 품질 좋은 식사'라는 컨셉으로 포지셔닝 했다. 햇반이 '밥'이라는 단일 품목이었다면, 컵반은 '한 끼 식사'라는 경험을 제공했다. 밥과 국, 반찬이 함께 들어 있는 '작지만 완성형 패키지'는 바쁜 현대인에게 편리함을 넘어 '돌봄 받는 느낌'을 주었다.

마케팅 전략도 차별화했다. 기존의 즉석식품이 '맛'과 '편리함'을 강조했다면, 컵반은 '혼자서도 제대로 된 한 끼를'이라는 메시지를 전달했다. 광고 모델은 젊고 트렌디한 박보검 배우를 기용하고, 광고에서는 "가정식 전문 1인 식당"이라는 카피를 사용했다. 동시에, SNS에서는 #나를_위한_식사, #1인_식당 등의 해시태그 캠페인으로 2030세대의 공감을 이끌어냈다.

출시 후, 컵반은 시장에서 예상대로 좋은 반응을 얻었다. 햇반의 독보적인 마켓 셰어MS, market share를 컵반에서도 연이어 달성하고 시장 내 MS 60% 이상의 압도적인 1위를 만들었다. 이 결과는 새로운 시장을 공략한 만큼 새로운 전략, 카테고리를 선점하고 주도할 수 있다는 것을 의미했다.

트렌드를 리드하는 핵심은 현재의 문제를 미래의 기회로 전환하는

것이다. 큐원 알룰로스와 햇반 컵반의 성공에는 공통점이 있다. 바로 두 제품 모두 현재는 불편하지 않지만, 미래에는 반드시 해결해야 할 문제에 주목했다는 것이다. 건강한 단맛에 대한 욕구, 완성도 있는 혼밥에 대한 필요성은 소비자들은 아직 인식하지 못했지만, 명확히 잠재된 욕구였다.

트렌드를 읽는 통찰력은 시장 데이터만으로는 얻을 수 없다. 소비자의 일상을 깊이 관찰하고, 그들이 미처 말하지 못한 불편함을 발견하고 미래를 예측하는 것에서 시작된다. 트렌드를 만드는 것은 미래에는 당연할 가치를 현재에 실현하는 행위다.

큐원 알룰로스와 햇반 컵반은 모두 초기에 회의적인 시선을 받았다. "설탕 회사가 설탕을 줄이자고?" "컵에 담긴 밥이 식당 경험을 대체할 수 있을까?" 이런 의문에도 불구하고, 묵묵히 실행하여 성과를 만든 제품이다. 트렌드는 관찰에서 시작되지만, 실행은 믿음에서 출발한다. 그리고 그 믿음을 가능하게 하는 건, 소비자의 삶을 진심으로 공감하고 더 나은 미래를 만들고 싶은 기획자의 열망이다.

"지금, 무엇이 사람들의 일상을 바꾸고 있는가?"

이 질문 앞에 겁내지 말자. 트렌드는 말이 아니라 행동에서 나온다. 시장의 흐름을 읽고 실행하는 사람이, 결국 새로운 미래를 만드는 기획자가 된다.

/
답은 길거리 음식에 있다
/

스트리트 푸드에 새로운 관심을 가지게 된 건 뜨거운 여름날 경주 황리단길에서 만난 '황남옥수수 아이스크림' 때문이었다. 첫인상은 평범한 아이스크림 같았다. 하지만 먹어 보니 예상 외의 맛이었다. 달콤한 바닐라 소프트아이스크림의 부드러움 뒤에 따라오는 옥수수의 고소함과 톡톡 터지는 식감이 절묘하게 어우러졌다.

작은 가게 앞에는 이미 10명이 넘는 사람들이 줄을 서 있었다. 젊은 커플부터 가족 단위 관광객까지, 다양한 사람이 황남 옥수수 아이스크림을 맛보기 위해 기다리고 있었다. 스마트폰을 들고 인증샷을 찍는 이들의 표정에서 만족감이 묻어났다. K-스트리트 푸드의 매력은 이런 것이었다. 아무도 예상하지 못한 곳에서 의외성을 발휘하는 창의력이다.

대중이 원하는 한입

스트리트 푸드의 창의력이 뛰어난 이유는 대중의 마음을 정확히 겨냥하기 때문이다. 익숙함과 새로움이 동시에 있는 음식. 작지만 기억에 남는 한 입. 바로 그것이 길거리 음식이 가진 힘이다.

그날 이후 나는 한국의 스트리트 푸드에 진지한 관심을 갖게 되었다. 여러 도시를 여행하며 지역만의 특색 있는 길거리 음식을 찾아다녔다. 전주 한옥마을을 방문했을 때였다. 기와지붕 사이로 드문드문 보이는 현대적인 간판들, 그 사이로 긴 줄이 눈에 띄는 가게가 있었다.

"십원빵 드셔보셨어요?" 가게 주인이 말을 걸었다.

"십 원이 들어있나요?" 나도 모르게 웃으며 되물었다.

그는 웃으며 대답했다. "붕어빵에 붕어 없듯, 십원빵에도 십원은 없어요. 그냥 이름이죠."

십 원짜리 동전을 손바닥만 하게 만든 빵 속에 모차렐라, 스트링 치즈, 크림치즈가 한데 섞여, 한입 베어 물면 빵 사이로 치즈가 줄줄 흘러내렸다. 보통 이런 지역 빵 안에는 단팥을 채우는데, 단팥 대신 치즈로 세대교체에 성공한 간식이었다.

저렴하지만 꽉 찬 만족감을 주는 십원빵은 전통적인 간식을 현대에 맞게 바꾼 K-스트리트 푸드의 진화형이라 할 수 있다. 그런데 더 놀라운 것은 이런 가게들이 전주뿐만 아니라 경주 등 여러 관광지에서도 인기를 끌고 있다는 점이었다.

경주를 다시 찾았을 때는 '몽그리 오란다'라는 가게에 들렀다. 이곳 역시 전통을 현대적으로 해석한 훌륭한 사례다. 우리가 어릴 적 먹었던 오란다에 민트초콜릿, 다크초콜릿, 다양한 견과류가 입혀져 있었다. 50년도 넘은 과자가 트렌디한 간식으로 재탄생한 것이다.

인상적이었던 점은 대기 중인 사람들 대부분이 스마트폰으로 가게를 촬영하고 즉시 SNS에 공유하고 있다는 것이었다. 음식 자체가 콘텐츠가 되는 시대에 맛있는 음식은 곧 공유하고 싶은 경험이 된다. 이곳의 간식들은 단순한 음식이 아니라 하나의 문화적 경험으로 소비되고 있었다.

부산 남포동 국제시장 앞, 씨앗호떡 가게에 도착했을 때는 놀라지 않을 수 없었다. 평일 오후인데도 가게 앞에는 30명이 넘는 사람들이 줄지어 서 있었다.

그래봐야 호떡인데 20분이나 기다려서 먹을 가치가 있을지 의문이 들었지만, 20분 후에 받아든 씨앗호떡을 한입 베어 문 순간 그 의문은 사라졌다. 바삭한 겉면 안에는 흑설탕과 다양한 견과류가 섞여 있었다. 한입 물면 달콤함과 고소함이 동시에 터지는 이 맛은 분명 줄을 서서 기다릴 만한 가치가 있었다.

더 흥미로운 것은 씨앗호떡이 이제 냉동 간편식으로도 유통된다는 점이다. 이는 지역 간식에서 전국구 상품으로 거듭난 성공 사례가 될 것이다. 전통 간식이지만 씨앗이라는 건강한 이미지를 더해 현대적으로 재해석된 이 상품은 젊은 세대에게도 큰 호응을 얻고 있다.

스트리트 푸드는 어떻게 만들어지는가

각 도시를 돌며 스트리트 푸드를 경험한 후, 나는 상품기획에 대한 새로운 통찰을 얻었다. 스트리트 푸드는 우리에게 가장 현실적인, 살아있는 힌트를 준다. 시장의 흐름, 소비자의 반응, 무엇보다 '지금 사람들이 무엇에 반응하는가'를 직접적으로 보여준다. 작은 간식 하나가 만들어낸 줄, 가게 앞에 늘어선 사람들, SNS에 자발적으로 올라가는 인증샷, 입소문을 통한 확산. 이 모든 게 시장의 생생한 신호였다.

돌아오는 기차 안에서 나는 스트리트 푸드에서 배운 교훈들을 생각했다.

첫째, 익숙함 속의 새로움이다. 사람들이 처음 보는 것에 반응하는 것은 아주 잠깐이다. 사람들은 이미 알고 있는 것에 작은 반전을 더했을 때 더 크게 반응했다. 누구나 아는 아이스크림에 톡 터지는 옥수수 알갱이를 더했을 때, 보통 팥이 들어있을 거라 기대하는 지역 빵 안에 치즈를 넣었을 때, 옛날 간식이라는 느낌이 강한 오란다에 초콜릿 코팅을 입혔을 때 사람들은 신선함을 느꼈다.

둘째, 감성적 연결고리를 만들어야 한다. 오란다처럼 추억의 간식을 현대적으로 재해석하면, 다양한 세대를 아우르는 공감대를 형성할 수 있다. 맛의 즐거움을 넘어 정서적 유대감을 만들어내는 것이다.

셋째, 공유하고 싶은 가치를 담아야 한다. 사람들이 자발적으로 SNS에 올리고 싶은 요소가 필요하다. 시각적으로 독특하거나, 맛의 반전이 있거나, 이야깃거리가 될 만한 요소가 있어야 한다.

넷째, 접근성과 합리적인 가격이다. 스트리트 푸드의 강점은 누구나 부담 없이 시도해 볼 수 있다는 점이다. 이는 새로운 상품의 유통과 가격을 결정하는 중요한 고려 사항이 된다.

다섯째, 지역성과 정체성을 살리는 것이다. 각 지역의 특색을 담은 스트리트 푸드는 그 자체로 차별화된 경쟁력을 갖는다. 경주의 옥수수 아이스크림, 부산의 씨앗호떡처럼 지역적 특색을 살린 제품은 더 깊은 인상을 남긴다.

나는 이 모든 경험을 팀원들과 공유했다.

"우리가 새로운 상품 아이디어를 찾고 있다면, 답은 멀리 있지 않아요. 바로 길거리에 있습니다."

CJ에서 HMR 사업부장을 맡았을 때, 나는 분기마다 '인사이트 공감의 장' 프로그램을 운영하기 시작했다. 전국 각지의 인기 있는 길거리 음식을 찾아다니며 트렌드를 분석하고, 새로운 상품의 영감을 찾는 것이다. 때로는 직접 현장에서 소비자들과 대화하며 그들의 니즈를 파악하기도 한다. 각자가 경험한 것을 공유해서 서로 정보를 나누고 인사이트를 얻도록 했다.

"왜 이 음식을 찾으세요?"
"어떤 점이 가장 마음에 드시나요?"
"이 가게를 어떻게 알게 되셨어요?"

이런 단순한 질문들이 우리에게 가장 소중한 인사이트를 제공한다. 유명 리서치 회사의 비싼 보고서보다 더 생생하고 직접적인 정보다. 길거리에서 만난 소비자들의 말은 숫자로만 표현된 데이터가 절대 알려줄 수 없는 진실을 담고 있다.

스트리트 푸드는 우리에게 중요한 교훈을 준다. 소비자는 항상 변하고, 트렌드는 빠르게 움직인다. 하지만 그 안에서도 변하지 않는 가치가 있다. 정성을 다한 맛으로 고객의 반응을 확인하며 창의적으로 풀어내는 것이다. 길거리 음식점의 주인장들은 매일 같은 자리에서 끊임없이 소비자의 반응을 살피고, 그들의 입맛에 맞게 레시피를 조금씩 조정한다. 그 끈기와 관찰력이 바로 성공의 열쇠다.

답은 멀리 있지 않다. 바로 길거리에, 사람들 사이에, 그들이 줄 서서 기다리는 그 작은 포장마차 안에 있다.

소비자 인터뷰 질문 리스트

타깃 소비자에게 진짜 니즈를 끌어내기 위한 탐색 질문을 설계해 보세요.

질문 항목	질문 내용
문제 인식 질문	최근 상품을 사용하면서 어떤 점이 불편했나요?
행동 탐색 질문	이럴 땐 보통 어떤 행동을 하시나요?
대안 비교 질문	다른 제품/서비스와 비교하면 어떤 점이 아쉽나요?
감정 유도 질문	그 상황에서 기분이 어땠나요?
기대·희망 질문	이 문제를 해결한다면 어떤 변화가 생길까요?

/
먹는 것들의 변천사
/

기획자는 오늘을 기획하지만, 어제의 밥상을 읽지 못하면 내일의 입맛을 사로잡을 수 없다.

살아남기 위한 밥상에서 세계인의 밥상으로
해방 후 한국인의 식탁은 '살아남기 위한 밥상'이었다. 과거 소비자에게 식품은 생존의 도구였다. 굶주림을 면하는 것이 최우선이던 시절, 설탕과 식용유는 사치품이 아닌 '혁신'이었다. 그 시절 명절 선물 세트에 담긴 설탕과 식용유, 소시지와 햄은 단순한 식재료가 아닌 풍요로운 삶에 대한 약속이었다.

  신입 사원 시절 무거운 명절 선물 세트를 들고 집에 도착했을 때, 엄마의 얼굴에 피어나던 미소가 아직도 선명하다. 전철에서 발에 밟히고 모서리가 찌그러진 선물 세트는 제품의 무게가 아닌 정성의 무게를 담고 있었다. 요즘처럼 모바일로 클릭 한 번이면 배송되는 시대에는 결코 느낄 수 없는, 땀과 수고가 섞인 정성이었다.

경제 성장과 함께 우리의 밥상도 진화했다. 70~80년대, 소비자의 관심은 '얼마나 많이 먹느냐'에서 '무엇을 먹느냐'로 급격히 전환되었다. 라면과 과자가 식탁에 오르기 시작했고, 90년대에는 웰빙 열풍이 불었다. "맛있게 먹으면서 건강까지 챙길 수는 없을까?" 소비자의 이 질문이 식품 산업에 새로운 과제를 던졌다.

2000년대 들어 한국 사회는 물리적으로는 더 가까워졌지만, 식탁은 오히려 개인화되기 시작했다. 대형 아파트 단지가 늘어나고 집집마다 인터넷이 연결되었지만, 역설적으로 가족이 함께 식사하는 시간은 줄어들었다. 식구(食口)라는 말이 무색하게, 한집에 살면서도 각자의 시간에 각자의 음식을 먹는 풍경이 자연스러워졌다.

2010년대 초, CJ제일제당은 비비고 브랜드를 출시하며 글로벌 시장 진출을 시도했다. 당시 비비고 만두로 시작한 해외 진출은 쉽지 않았다. 미국인들에게 만두란 중국의 딤섬이나 이탈리아의 라비올리였다. 게다가 이미 중국 만두 브랜드가 시장을 장악하고 있었다. "한국 만두는 뭐가 다른데?"라는 현지 소비자들의 질문에 답하기 위해서는 수천 번의 시식 행사와 제품 설명회가 필요했다. 양념의 배합부터 굽는 방식까지, 연구원들은 미국 소비자들이 받아들일 수 있는 '한국적인 맛'을 찾기 위해 끊임없이 실험했다.

그러나 역사의 흐름은 때로 예상치 못한 방향에서 가속된다. 2012년, 싸이의 '강남스타일'이 유튜브를 강타했고, 한국이라는 나라가 전 세계인의 호기심을 자극하기 시작했다. 소비자들은 이제 '제품'이 아닌 '문화'를 소비하기 시작했다. 갑자기 외국인들이 "한국 음식은 어떤 맛인가요?"라고 물어오기 시작했다. 그들은 단순히 배고픔을 해결하기 위해서가 아니라, 한국 문화를 관심을 가지고 맛보고 싶어 했다.

CJ제일제당이 KCON이라는 K-POP 축제에 식품 부스를 차린 것도 이 시기였다. 뉴욕, 중국, 일본, 영국까지 각종 행사가 있으면 부스를 차리고 담당 직원들은 하루 종일 만두를 굽고 시식 제품을 나눠주었다. 화려한 조명 아래 K-POP 아이돌들이 퍼포먼스를 펼치는 동안, 직원들은 무대를 구경할 시간도 없이 만두 홍보를 위해 팬에 기름을 두르고 만두를 구워 냈다. "이게 진짜 K-푸드예요"라고 설명하며 건네는 만두 한 접시가 글로벌 식품 브랜드의 씨앗이 될 줄은, 그때는 몰랐다.

한국 음식이 주목받는 또 다른 계기는 뜻밖의 곳에서 찾아왔다. 2019년 봉준호 감독의 〈기생충〉에서 '짜파구리'를 만드는 장면은 전 세계 요리 유튜버들의 챌린지가 되었다. 라면과 짜장면 소스를 섞는, 한국인에게는 단순한 요리가 문화적 아이콘이 된 것이다. 왜 이런 현상이 일어났을까? 그들은 음식을 통해 영화 속 한국인의 일상을 경험하고 싶었던 것이다. 2021년에는 〈오징어 게임〉의 '달고나' 열풍이 불었다. 설탕 몇 스푼으로 만든 간단한 간식이 전 세계 틱톡 챌린지로 재탄생했다. 세계 각국의 젊은 이들이 달고나 만들기에 도전하며 한국의 추억의 간식을 공유했다. 이 과정에서 한국 식품과 식문화에 대한 관심은 자연스럽게 높아졌다.

나 혼자 먹는다

한편 국내에서는 개인화 트렌드가 더욱 가속화되었다. 2016년, 소비자 데이터에 혼밥이란 단어가 폭발적으로 증가했다. 트렌드 전략팀의 소비자 조사에서도 놀라운 결과가 나왔다. 한 가족이 일요일 아침이면 엄마는 다이어트 중이라며 샐러드를, 아빠는 속이 더부룩하다며 미역국을, 대학생 아들은 해장이 필요하다며 김치찌개를 각각 데워 먹는 모습이 새로운 일상이 된 것이다. '시간은 없고, 내 입맛은 존중받고 싶다.' 이것이 현대 소비자의 솔직한 외침이었다.

주말 아침, 부엌에서 세 개의 냄비가 돌아가는 광경을 상상해 보자. 한 명은 비비고 육개장을, 다른 한 명은 갈비탕을, 또 다른 한 명은 미역국을 데우고 있다. "그냥 엄마가 끓인 걸 먹으면 안

돼?"라는 말은 더 이상 통하지 않게 되었다. 각자의 취향과 컨디션, 그날의 기분에 맞춰 개인이 메뉴를 선택하는 식사가 당연해진 것이다.

이 신호를 포착한 비비고 팀은 일일이 찢은 양지살에 깊은 국물 맛을 그대로 담아 5분 이내에 먹을 수 있는 비비고 육개장을 출시했다. 소비자는 이제 '속도'와 '품질' 사이에서 타협하고 싶지 않았다. 시간을 절약해 주면서도 품질의 완성도가 높은 상품을 기대하고 있었다. 빠른 속도로 성장한 비비고의 성공은 우연이 아니었다. 그것은 국내외 새로운 시장을 만들어 낸 만두의 브랜드 경험을 기반으로 개인화 트렌드를 정확히 읽은 국물 요리 포트폴리오 확장의 결과였다.

현대 소비자에게 음식은 단순한 끼니가 아닌, 새로운 문화를 경험하는 가장 직접적인 창구다. 대중문화가 호기심을 자극했다면, 음식은 그 호기심을 혀끝에서 구체화한다. 한 번도 한국에 가본 적 없는 미국 중서부의 10대 소년이 김치의 맛을 알게 된 것은, 그가 좋아하는 K-POP 아이돌이 예능 프로그램에서 김치찌개를 맛있게 먹는 모습을 본 덕분일 것이다. 이렇게 한국 음식은 단순한 식품을 넘어 문화 콘텐츠로 진화했다. 음식을 통해 한국의 라이프스타일을 경험하고, 한국인의 정서를 이해하고, 한국 문화에 더 가까이 다가가고 싶은 전 세계인의 욕구가 K-푸드의 성장을 이끌었다. 이제 미국의 대형 마트에서 비비고 만두와 김치를 당연하게 찾아볼 수 있고, 유럽의 고급 식품점에서도 한국 고추장을 쉽게 찾아볼 수 있게 되었다.

30년 식품 역사의 변곡점을 돌아보니, 한 가지 사실이 선명해진다. 음식은 결코 그저 먹는 것이 아니었다. 음식은 시대정신을 담는 그릇이자, 문화를 전달하는 매개체였다. 생존을 위한 식량에서 문화 콘텐츠로. 이것이 한국 식품의 압축적 진화다.

미래의 소비자는 '나만을 위한'이면서도 '세계와 연결된' 식품 경험을 갈망할 것이다. 내 건강 상태와 취향을 분석한 AI가 추천하는 완전 맞춤형 식단, 실시간으로 전 세계 식문화를 체험할 수 있는 레스토랑, 기후 위기에 대응하는 친환경 대체 식품이 다음 식탁의 주인공이 될 것이다.

상품기획자는 결국 역사의 흐름을 읽는 사람이다. 지금의 트렌드만 쫓아 제품을 만들면 그저 유행에 편승한 모방품이 된다. 하지만 식품의 역사적 변천을 이해하고, 그 흐름 속에서 다음을 상상하는 사람만이 시장을 선도한다. 무엇을 만들지 고민하기 전에, 먼저 우리가 어떻게 먹어왔는지를 돌아보라. 역사를 보면 미래가 보인다. 먹는 것의 역사도 마찬가지다.

협업이 답이다: 청년다방과 하니칼국수

상품기획자로서 내가 가장 자주 받는 질문은 이런 것이다. "요즘엔 뭐가 잘 팔려요?" 나는 같은 답을 하곤 한다.

"사람 이야기가 있는 제품이요."

요즘 성공하는 브랜드들은 거의 모두 '사람의 이야기'를 품고 있다. 오랜 세월 한자리를 묵묵히 지켜온 식당, 며느리도 모른다는 비밀 레시피, 또는 시대의 흐름을 재빠르게 읽은 젊은 창업자의 아이디어까지. 이 모든 것의 공통점은 바로 '진짜 사람'이 존재한다는 점이다. 나는 이런 제품의 주인공들을 직접 만나고, 함께 상품을 개발하는 것을 좋아한다.

외식대체식의 미래

대기업들은 탄탄한 프로세스와 유능한 인재들로 대부분의 업무를 체계적으로 처리한다. 이런 체계성은 원칙에 입각한 상품화의 강점이 되어, 소비자 조사와 데이터 분석을 통해 검증된 결과물을 만들어낸다. 이는 분명 의미 있는 접근법이다.

하지만 식품 산업은 트렌드의 변화가 빠르고 시대감각을 놓치면 안 되는 특성이 있어, 대기업처럼 프로세스가 체계적이고 복잡할수록 신제품이 출시되기까지의 리드 타임이 길어지는 단점이 있다. 반대로 작은 기업들은 시스템이 체계적이지 않지만 단순한 프로세스로 상품을 빠르게 만들어서 시장 테스트를 해 볼 수 있다. 최근 보편화되고 있는 가정간편식 시장에 많은 대기업이 앞다투어 제품을 내놓고 있지만, 소비자들은 정작 무엇이 어떻게 다른지 구별하기 어렵다. 비슷한 제품들이 너무 많이 쏟아져 나오기 때문이다.

그러나 외식대체식RMR, Restaurant Meal Replacement은 스몰 브랜드가 주류로 부상할 수 있는 영역이라고 생각한다. 수십 년간 가게를 지켜온 사장님만의 레시피, 줄 서서 먹는 맛집의 비밀 소스. 이런 것들이야말로 그 자체로 브랜드가 되고 스토리가 된다. 그리고 이런 외식 브랜드는 대기업이 아니어도 전략적 협업을 통해 신속하게 상품화하여 시장에서 성공을 거둘 수 있다.

나는 오랜 기간 대기업에서 일하면서 전략적이고 체계적인 프로세스로 상품을 만들었다. 그러나 중견기업 CMO의 역할을 맡고 나서는 다양한 외식업체 대표님들을 만나면서 특색 있는 브랜드와 협업하는 빠른 상품화 프로세스로 전환했다.

간식에서 식사로: 청년다방

청년다방의 대표님을 처음 만났을 때, 나는 그녀의 원대한 비전에 놀랐다. 그리고 이런 질문을 던졌다.

"떡볶이로 어떻게 세상을 바꾸시려는 거예요?"

대표님은 웃으며 이렇게 말했다. "왜 떡볶이는 식사가 되면 안 되죠?"

그 한마디에 나는 바로 고개를 끄덕였다. 떡볶이는 한국인의 소울 푸드이다. 학교 앞, 시장 구석구석마다 떡볶이집이 자리 잡고 있다. 인기 있는 한국 음식을 꼽을 때 떡볶이는 한 손가락 안에 든다. 그런데 왜 떡볶이는 늘 분식으로만 남아야 할까?

청년다방은 그 물음에서 출발했다. 떡볶이에 오징어튀김, 차돌박이 같은 단백질을 더해 영양을 보강했고, 양도 푸짐하게 구성했다. 이제 떡볶이는 간식이 아니라 충분한 한 끼 식사가 될 수 있었다.

나는 대표님께 물었다.

"이걸 냉동식품으로 만들어 보면 어떨까요?"

가능성을 묻는 듯한 그녀의 눈빛에 나는 단호히 말했다.

"제대로 한번 만들어 보겠습니다."

그렇게 출시된 청년다방 떡볶이는 길쭉한 떡과 큼직한 오징어튀김, 매콤한 떡볶이 소스라는 다채로운 구성으로 출시되었다. 대형 할인점에서 인기를 끌며 팔려 나가더니 출시 후 얼마 되지 않아 품절 사태를 맞았다. 대국민 소울 푸드에 대한 철학과 열정, 그리고 신뢰로 이어진 협업이 만든 작은 기적이었다.

협업에도 전략이 필요하다: 하니칼국수

하니칼국수는 조금 다른 인연이었다. 당시 나는 회사 내에서 부서 간 협업으로 신상품을 기획하는 '캡틴 프로젝트'를 기획했다. '회의실에만 갇혀 있으면 절대 시장을 읽을 수 없다'는 나의 철학이 반영된 프로젝트였다. 그 프로젝트는 기획에 상품기획팀만 참여하는 것이 아니라 인사 팀, 총무 팀, 구매 팀까지 누구나 참여해서 신제품을 제안할 수 있었다. 창의적인 신상품 아이디어는 누구나 제안할 수 있고, 채택이 되면 시상을 해주기로 했다. 나는 새로운 생각은 구성원 누구로부터도 나올 수 있고, 팀을 이뤄서 현장을 중심으로 고민하다 보면 창의적인 제품 아이디어가 나온다고 믿었다.

해당 프로젝트에서 나온 아이디어가 바로 '알곤이 칼국수'였다. 처음엔 반신반의했다. 알과 곤이를 넣은 칼국수라니, 대중이 과연 좋아할까? 알과 곤이는 좋아하는 사람도 많지만, 특유의 모습과 뭉클한 식감이 낯설어 싫어하는 사람도 많았다.

프로젝트 팀원들은 이미 하니칼국수를 여러 번 방문해 다양한 메뉴를 맛보고 왔다고 했다. 나도 신당동 골목을 따라 그 맛집을 찾아갔다. 첫 한입. 칼칼한 국물과 풍성한 건더기, 입안에서 퍼지는 따뜻한 맛. 곤이에 대한 편견은 사라졌고, 진한 국물의 감동이 남았다. '이건 된다.' 나는 먹자마자 바로 확신했다.

하지만 제품화 과정은 생각만큼 순탄치 않았다. 실무진 미팅에서 우리 직원들이 상품화 의도와 계획을 설명했지만, 하니칼국수 이사님은 조심스러웠다.

"우리 음식은 매장에서 먹어야 제맛인데, 냉동으로 그 맛이 나올까요?"

음식의 맛이 온전히 전해지길 원하는 입장에서 너무도 당연한 우려였다.

연구원들은 다시 샘플을 만들고, 몇 차례 더 미팅을 했다. 이사님은 미소를 잃지 않으면서도 계속 질문을 던졌다.

"칼국수의 면발이 살아있을 수 있을까요?"

"알과 곤이의 식감은 유지될까요?"

팀원들은 그때마다 답을 찾기 위해 수십 번 실험을 반복했고, 마침내 그분들도 고개를 끄덕였다. 팀원 모두가 기다리던 순간이었다.

남은 것은 로열티 협상이었다. 직원들은 '양사의 로열티 이슈로 협상이 잘 안되고 있다'는 보고를 했다. 하니칼국수 담당자였던 과장이 내게 도움을 요청했고, 나는 곧바로 하니칼국수 대표님을 만나겠다고 했다. 잘 만들었는데 서로가 합의점을 찾지 못하면 그간 서로가 해온 노력이 수포로 돌아갈 것이 자명했다. 로열티 문제로 이제 와서 프로젝트를 엎기에는 상품이 좋았고, 처음 아이디어를 제시한 담당자가 얼마나 열심히 프로젝트를 이끌어왔는지 잘 알기 때문에 나 역시 할 수 있는 건 뭐든 도와주고 싶었다.

나는 사무실로 가는 동안 내내 어떻게 그들과 협상을 완료할 수 있을지 머리를 싸매며 고민했다. 그리고 결심했다. '내 진심을 다하는 방법밖에는 없다. 음식에 진심이고 좋은 상품을 고객에게 전하고 싶다는 순수한 마음을 전하는 수밖에…'

협상은 전략적으로 이뤄졌다. 하니칼국수는 두 명의 대표가 이끌어가고 있었다. 경영 담당 대표는 호탕했고, 디자인 전문 대표는 감성적인 면이 있었다. 나는 삼십 년간 식음료 업계에서 일한 내 경험을 경영과 디자인 관점으로 풀어내어 설득했다. 경영 대표와는 전체 시장과 업계 흐름 안에서 우리 상품의 필요성과 목표를 되짚었다. 디자인 대표와는 그들이 하니칼국수에 가지고 있는 애정과 하니칼국수가 전달하고 싶은 이미지를 나와 담당 과장이 잘 이해하고 있음을 설명했다.

기획자에게 말하기 스킬이 필요한 이유는 바로 이러한 일이 발생할 때를 대비하기 위해서다. 상대를 생각하는 말하기를 할 때 그 상대는 단순히 고객만이 아니다. **프로젝트의 중심에서 여러**

<mark>사람과 소통해야 하는 기획자는 같이 일하는 동료, 사업의 파트너의 입장도 고려하며 말할 줄 알아야 한다.</mark>

대화가 깊어질수록 서로 뜻하는 바가 같다는 것을 알게 된 두 대표는 마치 오래된 친구처럼 환하게 웃으며 말했다.

"로열티가 뭐가 그리 중요하겠어요. 제품이 성공한다면 그것만한 것이 없겠지요."

나는 안도의 한숨을 지었다. 그리고 그는 말을 이었다.

"하니칼국수에서 팔고 있는 상품들은 저희가 바닷가를 보며 구상한 거예요. 매콤하면서도 깊은 맛, 바다의 풍경이 떠오르는 칼국수를 만들고 싶었거든요."

대화를 마치고 나오면서 나는 다시 한번 사무실을 둘러봤다. 사무실 한편에는 다양한 요리도구가 놓여 있었고, 메뉴 개발을 위한 실험의 흔적이 곳곳에 남아 있었다. 나는 칼국수 한 그릇을 위해 노력했을 그들의 시간을 떠올렸다. 그리고 생각했다. 이건 그냥 칼국수가 아니라 '바닷가를 보며 고민한 사람들의 이야기가 있는 음식'이라고.

회사로 돌아온 나는 디자인팀과 긴 회의를 시작했다. 패키지엔 깊고 푸른 바다를 생생하게 표현하고 포근한 알곤이 국물 한 그릇의 온기를 담기 위해 노력했다. 브랜드의 감성과 창업자의 철학, 그 모든 것이 조화를 이루는 디자인이 완성되었고, 제품은 곧 시장에 나왔다. 그리고 화제를 불러 모으며 온라인 사이트에서 기록적인 매출을 달성했다. 회사 내에서 그간 출시했던 칼국수 중에서는 가장 높은 매출을 달성했다.

상품기획자는 결국 전문가를 찾고 만나야 한다. 주방에서 땀 흘리는 사장님, 작은 식당을 운영하는 부부, 그들의 진심을 느끼고 이야기를 들어야 한다. 그들이 제품을 만드는 철학을 깊이 이해하고 그것을 제품으로 풀어낼 때 성공하는 제품이 또 하나 만들어지는 것이다.

특히, 다양한 분야의 전문가를 만나면서 내가 알지 못하는 부분들에 대한 인사이트를 얻을 수 있고, 공부가 된다는 것이 협업의 장점이다. 그래서 작은 기업, 스몰 브랜드일수록 협업 기회를 적극적으로 만드는 것이 좋다. 내 능력과 경험을 벗어나는 기회를 자꾸 만드는 것도 기획자에게 필요한 자세임을 잊지 말자.

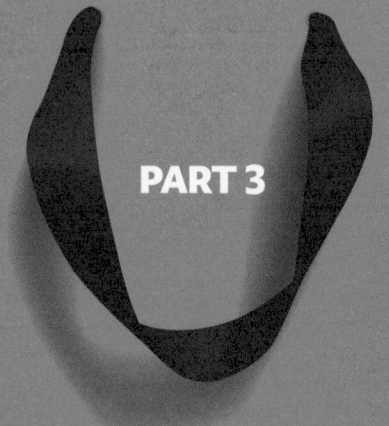

PART 3

성공하는 상품기획 전략

/
나의 위치는 어디인가?
/

스타트업 스윗밸런스의 경영 고문으로 합류했을 때다. 회사는 꾸준히 성장해왔고, 업계에서도 어느 정도의 인지도와 팬층을 확보하고 있었다. 열정 가득한 젊은 직원들과 건강한 식문화를 추구하는 비전을 보니 나 역시 새로운 상품을 기획해 보고 싶다는 열정이 끓어올랐다.

우리는 어떤 회사인가?
하지만 곧 한 가지 의문이 들었다.

'우리는 대체 무엇을 잘하는 걸까?'
'왜 소비자들은 우리 제품을 지속적으로 구매하고, 우리 브랜드에 애정을 가질까?'

질문에 대한 몇 가지 대답을 떠올려 볼 수 있었지만 확신은 부족했다. 회사가 출시한 제품은 많았고, 고객이 늘어나고 있었지만, 상품의 전략 방향은 모호했다. 나는 이런 상황을 자주 접했다. 실무 경험이 풍부한 사람들일수록, 눈앞의 일은 잘 처리하지만 정작 사업의 본질을 건드리는 질문엔 답을 잘 하지 못할 때가 있기 때문이다.

나는 첫 회의를 이렇게 시작했다.

"이제부터 우리가 해야 할 일은 단순합니다. 우리 자신을 냉정하게 보는 겁니다. 스스로를 거울에 비춰 보는 거죠."

나는 이걸 자기 객관화라고 부른다. 기획은 혼자 하는 것이 아니라, 시장과 대화하는 일이다. 아무리 좋은 제품이라 말해도, 고객이 그렇게 느끼지 않으면 아무 소용이 없다.

나는 회사의 데이터를 전부 다시 살펴볼 것을 제안했다. 직원들은 망설였다. 큰 기업이라면 매일 대시보드에 정리된 데이터가 뜨고 분석 전담 인력이 붙지만, 스타트업은 다르다. 시스템도, 분석 인력도 부족할 수 있다. 그래서 더더욱 '지금 회사가 어디쯤 와 있는지'를 명확히 진단해야 한다.

직원들은 고민했지만 회사와 제품의 현주소를 파악하는 것이 먼저라는 내 말에 동의했고, 다음과 같은 내용들을 전부 다시 검토했다.

- 회사의 제품 종류별 개수 정의
- 제품별 카테고리 정의
- 제품 카테고리별 매출 구성비
- 제품 카테고리별 매출 성장률
- 제품 카테고리별 수익성
- 제품 분류 기준 정비(원재료, 단량, 포장 타입별)
- 데이터 분석 방법(카테고리별, 채널별 실적)

데이터는 기준에 따라 전혀 다른 그림을 보여준다. 같은 원재료로 만든 상품이라도 어떤 패키지로 나가느냐에 따라 고객 반응이 달라진다. 가격이 문제가 된다고 하여 중량만 늘리거나, 같은 중량에 가격을 낮춰 봤자 임시방편일 뿐이다. 또, 기존 제품으로 매출을 꾸준히 올리더라도 시장의 변화를 따라가지 못하면 새로운 카테고리 하나, 패키지 디자인 하나 차이로 금세 뒤처지기 십상이다.

중요한 건 데이터를 해석하는 능력

데이터를 어떻게 분석할 것인지, 어떤 기준으로 분류해서 볼 것인지가 중요하다. 그리고 더 중요한 능력은 '데이터에서 어떤 통찰을 이끌어내느냐'에 있다.

소비자는 왜 이 제품을 사는가?
반복 구매는 왜 일어나는가?
어떤 행동이 본질적인 성장을 만드는가?

데이터는 단순한 숫자가 아니다. 고객의 욕망이고, 시장의 움직임이다. 그래서 나는 항상 말한다. "상품기획의 첫걸음은 자기 진단에서 시작된다"라고.

직원들은 데이터를 하나둘 분석하기 시작했다. 시간이 지날수록 통찰의 눈이 점점 예리해지는 것이 느껴졌다. 새로운 트렌드나 상품이 나오는 것을 예민하게 보고, 시장의 변화를 느끼면 그것에 대해서 얘기하기 시작했다.

무작정 신제품을 기획하기보다 지금의 발걸음을 잠시 멈추고 내 위치를 확인해야 한다. 어떤 채널에서 변화가 감지되고 있는지, 경쟁사는 어떤 시도를 하고 있는지, 고객은 지금 어디로 향하고 있는지를 파악해야 한다.

출시한 상품이 제자리걸음이거나 사업의 성장이 정체되는 대부분은 무능이 아니라 함몰에서 시작된다. 내가 하고 있는 일에만 몰두해, 정작 세상의 변화를 놓칠 때 시장을 보는 눈이 사라진다.

그래서 나는 가끔 나 자신에게, 그리고 같이 일하는 조직의 구성원들에게 묻는다.

"우리는 지금 어디쯤 와 있는 걸까?"

그 질문이 모든 기획의 출발점이다.

/
신상품 기획 프로세스
/

기획의 세계는 보이는 것보다 훨씬 복잡하고 치열하다. 회사마다 다른 프로세스를 가지고 있지만, 결국 모든 기획자가 추구하는 목표는 단 하나다. 좋은 기획이 좋은 제품이 되게 하는 것. 이 과정을 더 깊이 들여다보자.

컨셉 기획 단계
컨셉 기획은 단순한 아이디어 제시가 아니다. 시장에서의 생존 가능성을 타진하는 첫 관문이다. 기획자는 자신만의 가설을 세우고, 이를 시장에 던진다. 이 단계는 보통 2~3주가 소요되며, 시장 조사부터 컨셉 개발, 소비자 검증까지 체계적으로 진행된다. 가장 위험한 순간은 내 아이디어가 완벽하다고 믿는 순간이다.

컨셉 검증 단계

이 작업을 통해 제품의 핵심 가치, 타깃 소비자, 가격대, 이미지를 담아내고, FGI(포커스 그룹 인터뷰)나 설문 조사를 통해 소비자의 목소리를 직접 듣는다. 이 과정에서는 데이터를 기반에 둔 의사 결정이 핵심이다. 정량적 지표(구매 의향률, 선호도 점수)와 정성적 피드백(인터뷰 내용, 표정 관찰)을 균형 있게 수집한다. 성공적인 컨셉 검증의 기준은 명확하다. 타깃 소비자의 구매 의향률, 브랜드 선호 점수, 그리고 핵심 가치 전달력 평가에서 긍정 응답이 일정 수준 이상 달성돼야 한다.

그러나 더 중요한 것은 긍정적 반응만 찾지 않는 것이다. 소비자가 불편해하는 지점, 의문을 제기하는 부분이 더 값진 정보가 된다. "이 제품이 왜 필요한가요?"라는 질문 하나가 전체 컨셉을 뒤흔들 수 있다. 진정한 기획자라면 이때 자신의 아이디어에 집착하지 않고, 소비자의 목소리를 받아들이는 자세가 필요하다. 단, 이때 그저 그러한 의견이 많이 나왔다고 따라가는 것이 아닌 '왜' 그런 반응이 나왔는지 심층적으로 분석하는 것이 중요하다.

시제품 테스트 단계

시제품 테스트 단계는 개발팀이 실험실이나 키친에서 제품을 만들어보며 맛과 품질을 검증한다. 제품마다 회사마다 차이는 있지만 4~6주 정도 소요된다. 테스트 단계는 이론이 현실과 충

돌하는 순간이다. 더 좋은 레시피 개발을 위해 반복적인 A/B 테스트는 필수다. 주요 성분 함량, 맛, 식감, 향 등 제품 속성별로 2~3가지 대안을 준비하고 블라인드 테스트를 진행한다.

공장 시생산과 데이터 점검 단계

가공식품의 경우 시생산과 본생산은 6~10주 이상의 긴 여정으로, 기획자의 인내심을 시험한다. 개발팀이 만들어낸 실험실 수준의 제품은 공장으로 넘어가는 순간 완전히 다른 상품이 된다. 셰프의 손맛이 기계의 맛으로 변하기 때문이다. 물의 온도, 배합 순서, 기계의 회전 속도, 심지어 작업자의 손놀림까지 공정 하나하나가 제품의 맛과 품질에 영향을 미친다.

제품이 나온 후의 데이터 수집은 다양한 방식으로 이루어진다. 관능 평가 점수(맛, 향, 식감 등), 구매 의향률, 가격 민감도, 재구매율, 경쟁 제품과의 선호도 비교 테스트 등을 포함한다. 식품의 경우, 유통기한 테스트도 병행하여 정해진 유통기한 이전, 이후까지 미세한 제품의 품질 변화를 추적해야 한다. 이 모든 데이터는 다각도로 분석하고, 시각화하며 디테일한 점검을 통해 출시 의사 결정에 활용한다.

본생산 단계

본생산이 진행되면 개발자는 현장의 생산자들과 함께 수율과

원가를 계산하며, 품질의 일관성을 확보하기 위해 밤낮없이 고민한다. 핵심은 생산 최적화와 품질 안정화다. 생산 수율을 극대화하고, 규격 이탈률을 최소화하며, 생산 속도와 품질의 균형점 도출이 목표다.

이 단계는 제품의 수익성을 결정짓는 중요한 순간이다. 아무리 좋은 아이디어도 공장에서 구현되지 못하면 무용지물이다. 출시 전 마지막 데이터 수집도 이때 이루어진다. 생산 라인 속도별 품질 변화, 원료 투입량과 최종 제품 품질의 상관관계, 온습도 변화에 따른 제품 안정성 등을 세밀하게 측정한다. 이 데이터를 기반으로 공정 표준화 매뉴얼이 작성되고, 이것이 향후 안정적인 품질의 기준이 된다.

일본 출장을 갔을 때, 완성도 높은 상품을 만드는 중소 식품 업체를 방문한 적이 있다. "어떻게 이렇게 일관된 맛을 유지할 수 있나요?"라고 묻자, 담당자는 이렇게 답했다.

"청소를 철저히 하고, 하루에 수십 번 온도를 체크합니다. 그렇지만 무엇보다 일하는 사람의 마음가짐이 중요합니다."

당시엔 평범한 대답에 실망했다. 하지만 그 이후 한국에 돌아와 일정한 퀄리티를 유지하기 어려운 제품 기획을 맞닥뜨릴 때마다 매일 품질을 점검한다는 일본 관리자의 말이 떠올랐다. 제품의 엄격한 품질 관리야말로 상품의 본질이며 지속적인 고객의 관심을 받는 동력이라는 것을 알게 됐다.

제품 출시 후 점검 단계

제품 런칭 후에는 진짜 시험대에 오른다. 초기 2~4주가 골든 타임이다. 이 기간의 판매 데이터와 소비자 피드백은 제품의 미래를 예측하는 아주 강력한 지표가 된다. 이때 유심히 살펴봐야 할 지표는 일일/주간 판매량, 재구매율, 온라인 긍/부정 리뷰 비율, 평균 평점, 구전 효과(SNS 언급량) 등이다.

요즘은 특히 온라인 댓글 하나, 구매 후기 한 문장이 제품의 운명을 좌우한다. "국물 맛이 이상해요"라는 리뷰 한 줄에 개발팀 전체가 비상에 걸린다. 시장의 평가는 냉정하고 거침없다. 소비자의 입에서 입으로 퍼지는 평가는 어떤 마케팅 전략보다 강력하다. 마케팅팀은 소비자 리뷰의 핵심 키워드를 추출하고, 긍정적, 부정적 요소를 파악한다. 이는 제품 개선과 마케팅 메시지에 즉시 반영되어야 한다.

과정에 충실한 기획자가 성공한다

좋은 기획이 좋은 제품으로 이어지기 위해서는 모든 단계가 유기적으로 연결되어야 한다. 컨셉 검증, 시제품 개발, 시생산 및 본생산, 시장 반응 점검. 이 과정 중 하나라도 놓치면 좋은 기획은 허물어진다.

실험하고, 검증하고, 실패를 직시하고, 개선하는 지난한 과정을 묵묵히 견디는 사람만이 끝내 성공한다. 지금의 NPD 프로세

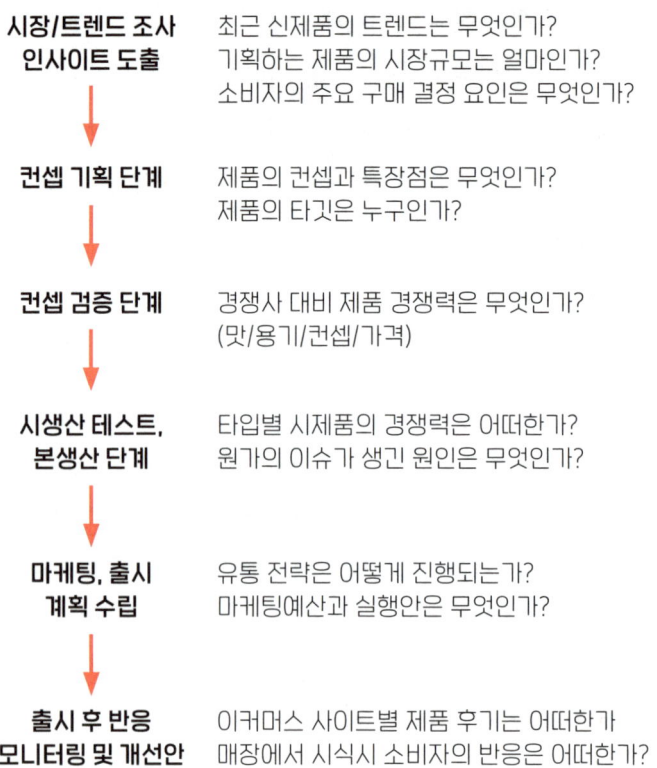

스에서는 모든 과정이 데이터에 기반해 이루어진다. 철저한 데이터 수집과 분석, 그리고 소비자 인사이트를 꿰뚫는 통찰력이

● New Product Development

성공적인 상품기획의 핵심이 된다.

  상품기획자의 길은 결코 화려하지 않다. 그러나 모든 과정을 지나 소비자의 마음을 사로잡는 제품을 손에 쥐었을 때, 어떤 순간보다 큰 보람을 느낀다. 어쩌면 우리는 이 순간을 위해 오랜 시간을 견디고 버티는 것인지 모른다. 히트 상품이 될 것이라는 희망을 가지고 버티는 순간들. 어쩌면 그것이 진정한 상품기획의 매력일지도 모른다.

/
때로는 소설가처럼, 때로는 영화감독처럼
/

상품기획자는 소설가다. 현실과 숫자를 기반으로 일하지만, 상상과 몰입이 없다면 결코 사람의 마음을 움직이는 제품을 만들 수 없다. 하루에도 수십 개씩 쏟아지는 신제품의 홍수 속에서, 기획자는 자신만의 이야기를 써 내려간다.

기획자는 큰 꿈을 가져야 한다

나는 새로운 프로젝트를 시작할 때면 습관처럼 혼자 여러 매장을 돈다. 편의점에 들러 신제품을 하나씩 집어 들어 보기도 하고, 마트 매대 앞에서 멍하니 서서 쇼핑하는 사람들을 보기도 하고, 백화점 지하의 F&B 코너를 오가기도 한다. 가끔은 팀원들과 함께 가기도 하지만, 대부분은 혼자 걸으며 생각한다. 사람들이 가장 오래 머무는 곳, 그들이 손을 뻗는 각도, 유난히 많이 팔리는 진열대 앞에서 나는 이야기의 단초를 찾는다.

  기획자는 마치 소설가처럼 머릿속에서 아직 만들지도 않은 제품을 그려보고 그 제품이 팔리는 장면을 상상한다. 언젠가 대박이 날 것이라는 기대감으로 새로운 브랜드를 그리고, 제품 이름을 짓고, 제품이 존재하는 세계관을 그려 넣는다. 브랜드 네이밍은 마치 주인공의 이름을 짓는 일처럼 중요하다.

  비비고라는 브랜드의 시작은 '비빔'과 '고(Go)'의 결합이다. 단순한 조어처럼 보이지만, 그 안에는 한국적인 조화의 철학과 세계로 나아가려는 의지가 담겨 있다. 비빔은 서로 다른 것을 섞는 일이다. 육류와 채소, 뜨거움과 차가움, 진하고 담백한 것들의 조화를 말한다. 그 철학을 고스란히 담아 비비고는 한국의 밥상을 세계로 가져가자는 큰 그림을 품고 있다.

  한국 음식이 세계적인 콘텐츠가 될지, 한국 배우가 아카데미에서 상을 받게 될지 아무도 몰랐지만, 우리에겐 '될지도 모른다'는 상상이 있었다. 기획자는 종종 그런 가능성에 기대어 모든 부서를 설득한다. 셰프와 연구원에게 "이게 진짜 될 수도 있다"라며 이야기하고, 그들에게 실현되지 않은 미래의 스토리를 들려준다.

  그래서 누군가는 나를 회의에서 '소설을 쓰는 사람' 같다고 하기도 했다. 매번 세상에 없는 것, 만들기 어려운 것을 고집했기 때문이다. 그 소설이 단편이 되기도 하고, 오랜 시간이 걸리는 장편이 되기도 한다. 소설을 쓰는 과정에서 잊지 말아야 할 한 가지가 있다면, 그것은 바로 독자는 기다려 주지 않더라도 작가는 절대 포기하지 않아야 한다는 것이다.

비비고가 오늘날 세계적인 브랜드가 되어 있는 모습을 보면 가슴이 벅차다. 그것을 기획했던 이들, 지금도 묵묵히 제품을 만들고 있는 후배들 모두가 이야기의 공동 작가다. 이름도 없던 제품이 점점 사람들에게 익숙해지고, 브랜드가 커지고, 사람들이 줄을 서서 기다리는 제품이 되었을 때, 우리는 비로소 소설이 현실이 되었다는 걸 느낀다.

제작 과정의 총감독임을 잊지 말자

소설을 쓰듯 시작한 상품이 만들어지는 과정은 마치 영화 같기도 하다. 잘 기획된 상품이 실제 제품으로 구현되기까지는 마치 한 편의 영화처럼 수많은 장면과 수많은 사람이 모여야 완성되기 때문이다. 기획자는 그 영화의 감독이 되어, 처음부터 끝까지 흐름을 만들고 조율하며 이끌어 나간다.

제품의 맛을 만들어내는 건 셰프와 연구원이다. 처음에는 키친과 실험실에서 수많은 시도가 오간다. 비슷한 맛의 프로토타입이 나오면, 수차례 시식이 이어진다. 그 과정에서 기획자는 원하는 방향으로 맛이 구현되고 있는지를 확인한다. 최상의 맛을 만들기 위해서 정통의 맛을 벤치 마킹하는 것도 소홀히 해서는 안 된다.

가쓰오 우동을 개발하던 때가 기억난다. 일본 정통의 맛을 잘 몰라서 여러 가지 시제품을 만들어도 그 맛이 제대로 구현되지 않았다. 한국에서 여러 차례 맛집을 돌아다녔지만 전문적인 맛을 내는 식당을 찾기도 어렵고 개발을 해도 어딘가 부족한 맛이었다.

결국 연구원들과 마케팅팀은 일본 출장을 함께 가기로 했다. 우리는 정통 우동집을 찾아 도쿄의 좁은 골목길을 돌아다녔다. 하루에도 대여섯 곳의 식당을 방문했고, 남들이 볼까 몰래 작은 병에 국물을 담아 조심스럽게 가져왔다. 마치 문익점이 목화씨를 숨겨오던 것처럼 말이다. 작은 스포이드로 담은 국물을 한국에 가져와서 한 방울씩 맛을 비교해가며 연구하던 그 시간은 잊을 수 없다. 기획자는 '최고의 맛'을 상상하고, 연구원은 그 맛을 현실로 옮기려 애쓴다. 그 사이에는 수많은 고생과 발품을 팔아야 하는 시간이 있다.

고생 끝에 완성된 맛을 구현하고 나면 다음 과제는 가격이다. 좋은 원료를 쓰면 원가는 높아지고, 저렴한 원료는 깊은 맛을 내기 어렵다. 구매팀과 치열하게 협상하며, 소비자가 받아들일 수 있는 가격을 맞춰가야 한다. 때로는 원료 수급을 위해 전국 팔도는 물론 해외까지 발품을 판다. 마지막까지 계획한 가격을 맞추기 위해서 지난한 실랑이를 벌인다. 이때 필요한 것은 협상을 위한 설득력과 조정 능력이다.

맛과 가격이 안정되면, 이제 마지막 단계인 디자인이 기다리고 있다. 종종 디자이너는 제품의 본질보다 미적 아름다움을 추구하고, 기획자는 메시지를 강조하려다 시각적 매력을 놓치기도 한다. 이때 필요한 것은 대화다. 충분한 대화를 통해서 강조하고자 하는 메시지가 미적 아름다움을 만나면, 제품은 말 그대로 날개를 단다.

디자인은 단지 옷이 아니라, 상품의 첫인상이자 브랜드의 목소리다. 포장 하나에도 계절, 유행, 분위기를 담아야 한다. 제품의 디자인을 앞두고 내가 늘 질문하는 건 '눈앞의 제품이 어떤 계절의 옷을 입어야 하는가?'이다. 마지막에 클로즈업 되는 영화의 한 장면처럼, 패키지는 소비자의 손이 닿는 가장 가까운 거리에서 구매를 결정하는 결정타이다.

이처럼 상품개발은 결국 수많은 연출자, 조연이 함께 완성해 나가는 한 편의 영화다. 기획자는 그 중심에서 전체를 바라보며 배우를 디렉팅하고, 장면을 구성하고, 호흡을 맞춘다. 개발 연구원, 구매담당자, 디자이너와 최고의 호흡으로 작품을 완성해야만 관객이 될 고객의 사랑을 받을 수 있다.

모든 영화가 천만 관객 흥행을 할 순 없듯이, 모든 상품이 사랑받을 순 없다. 하지만 영화가 끝나고, 조명이 꺼진 후에 관객의 기억에 남는 장면을 하나라도 만들어냈다면 충분히 성공한 기획이다.

앞으로도 더 많은 기획자가 더 많은 멋진 소설을 쓰고 영화 같은 작품을 만들어내기를 바란다. 세상의 변화를 상상하고, 그 가능성을 믿고, 누구보다 먼저 시나리오를 써 내려가는 사람. 그가 바로 진짜 상품기획자다.

/
틀을 깨는 모험
/

하룻밤 자고 나면 새로운 상품들이 쏟아지는 시대다. 매일같이 신제품이 출시되지만, 정작 진짜 새로운 것은 드물다. 나 역시 수많은 상품을 기획해왔지만, 세상에 없던 것을 만들어내는 일은 언제나 고통스러운 도전이다.

새로운 사람의 새로운 접근: 백설 크림 파스타 소스
대한민국 최초의 상온 크림 파스타 소스를 기획했을 때가 그랬다. 시작은 단순한 질문이었다.
 "왜 시중엔 토마토소스밖에 없을까? 크림 파스타는 어디로 갔지?"
 크림 파스타는 레스토랑에서는 누구나 즐겨 먹는 메뉴인데, 마트 진열대에는 토마토 파스타 소스뿐이었다.

질문의 답은 금방 찾을 수 있었다.

"크림은 가열하면 유화가 깨져요."

"상온 보관은 불가능합니다."

크림 파스타 소스를 만들자는 말에 연구원들의 반대는 당연했다. 수많은 데이터가 그것을 증명하고 있었으니까. 그때, 한 셰프 출신 연구원이 조용히 말했다.

"호텔 주방에서 많이 만들어 봤는데 제가 한번 해볼게요."

만들자마자 손님 테이블로 전달되는 호텔의 음식과 시중에 유통되어 판매되는 상품의 과정은 엄연히 다르다. 그러나 셰프 출신이었던 그는 기존의 연구원들이 안 된다고 생각하는 편견이 없었기에 오히려 새로운 방식이 탄생할 수 있었다. 그는 몇 달간 미친 듯이 몰입하며 연구했고, 결국 대한민국 최초의 크림 파스타 소스인 '백설 크림 파스타 소스'가 세상에 나왔다.

진짜 창의는 어쩌면 기존의 방식을 모르기 때문에 가능한 것인지도 모른다. 나는 새로운 상품에는 낯선 사람, 낯선 방식이 때로는 필요하다는 것을 깨달았다.

디자인에서 시작하다: 크라제 버거

이러한 접근법은 '크라제 버거' 리뉴얼 프로젝트에서도 적용했다. 당시 나는 파격적인 결정을 내렸다. 마케팅팀을 통한 전통적인 접근법 대신, 디자인팀을 가장 먼저 프로젝트에 투입했다. 나는 디자인팀에 "기존 버거의 개념을 완전히 버리고, 눈으로 먼저 먹는 버거를 상상해 보세요"라고 요청했다.

마케팅팀은 격렬히 반대했다.

"시장 조사와 타깃 분석이 선행되어야 합니다."

"경쟁사 벤치마킹도 없이 어떻게 진행하죠?"

그들의 논리는 틀리지 않았다. 하지만 나는 기존의 프로세스로는 혁신적인 제품을 만들 수 없다고 확신했다.

디자인팀은 두 달간 기존의 방식과는 완전히 다른 방법으로 작업했다. 다양한 시안이 쏟아져 나왔다. 기존 버거의 둥근 형태를 과감히 벗어난 직사각형 패티 디자인, 전통적인 원형에서 벗어난 비정형적 번 모양, 미국식 팝아트에서 영감을 받은 앤디 워홀 스타일의 대담한 컬러와 독특한 캐릭터가 담긴 시안까지. 당시 국내 버거 시장에서는 상상할 수 없었던 파격적인 비주얼들이 눈앞에 펼쳐졌다.

처음 디자인을 본 경영진은 당황했다. 하지만 이 독특한 비주얼은 분명한 메시지를 담고 있었다. 이것은 그냥 버거가 아니라 문화적 경험이라는 것. 우리가 파는 것은 그냥 음식이 아니라 새로운 경험이라는 데에는 경영진까지 모두 동의했다. 우리는 과감히 디자인으로 먼저 방향을 잡고, 이후에 제품 개발을 진행하기로 결정했다.

지금도 가끔 잘 안 풀리는 프로젝트가 있으면 새로운 접근법을 시도한다. 때로는 초반부터 프로젝트에 대한 이해도가 없는 디자인팀을 먼저 불러본다.

"처음 보는 소비자가 단 3초 안에 반응하려면 어떤 비주얼이 필요할까요?"

"경쟁사보다 장점이 많은 제품이지만, 그걸 어필하지 않고도 소비자가 보자마자 직감적으로 반응할 키워드는 무엇일까요?"

"이 디자인이 소비자 마음에 쏙 들어갈 수 있는 결정적 컬러는 무엇일까요?"

때로는 논리적인 설명 보다 감성적인 언어와 비주얼이 고객의 마음을 먼저 움직인다. 크라제 버거 프로젝트에서도 입증되었듯이, 디자이너들은 기획자가 미처 보지 못했던 관점에서 출발한다. 디자인을 예술의 영역이라고 생각하기도 하지만, 사실 그들은 소비자와 가장 가깝고, 매장 맨 끝단에서 '어떻게 보여질 것인가'를 고민하는 실전형 사고를 가졌다. 때문에 디자인에서부터 상품기획을 출발하는 것도 좋은 전략이 된다. 가끔은 기존의 틀을 깨고 낯선 시선을 가진 자와 시작해 보는 것. 때로는 이것이 효과적인 기획의 방식이 된다.

/
최초가 된다는 것: 닛신
/

몇 년 전 여름, 일본 요코하마의 '닛신 컵라면 박물관'을 찾았다. 우동과 소바 상품기획을 고민하려고 도쿄에 온 것이었다. 백 년 넘은 우동집을 들러 면발의 깊은 맛에 빠져들었고, 그러다가 문득 '라면의 탄생'을 보고 싶다는 생각이 들었다. 오늘날 누구나 생각날 때 먹는 라면. 그것을 가능하게 한 세계 최초의 인스턴트 라면의 시작이 궁금했다.

라면의 시작: 닛신 박물관
지하철을 타고 내려서 한참을 걸어 도착한 닛신 박물관. 박물관 입구를 지나자마자 펼쳐진 건 컵라면의 향연이었다. 커다란 나선형 벽면에 토마토, 된장, 해물, 카레 등 수백 가지 맛의 컵라면이 진열되어 있었다. 그 압도적인 장면에 보여주는 건 단순한 제

품이 아니라, 닛신이 면 하나로 전 세계를 사로잡기까지의 역사였다.

그리고 그 중심에는 닛신의 창업자 안도 모모후쿠가 있었다. 그는 미국 출장 중 사람들이 포크로 음식을 먹는 모습을 보고, 자신이 개발하는 라면도 컵에 담아서 바로 먹을 수 있게 해야겠다고 생각했다. 일본으로 돌아온 그는 컵라면 개발에 착수했다. 제조 공정 중에 면이 부서지지 않도록 용기를 거꾸로 돌리는 공정을 설계하기도 했다. 면의 새로운 식감을 매일 연구하고 몰입하다가, 어느 날 그의 아내가 차려준 새우튀김 반찬에서 인스턴트 라면에 맞는 건면의 아이디어를 얻은 것도 유명한 이야기다. 집념과 몰입을 통해 작은 생활의 힌트에서 대단한 발명이 탄생한 것이다.

안도 모모후쿠는 90세가 넘도록 라면을 연구했고, 매일같이 라면의 가능성을 고민했다. 한계가 보이면 다른 각도에서 접근하고, 그마저도 막히면 일상에서 답을 찾았다. 그의 생애를 보면서 세계 최초의 상품을 기획하는 것은 어떤 것일지가 궁금했다.

박물관 한편에는 창의적인 생각을 위한 그의 철학이 도표로 정리돼 있었다. 한줄 한줄에서 닛신 라면의 오랜 역사를 느낄 수 있었다. 닛신 박물관은 누구보다 창의적이었던 안도 모모후쿠의 철학을 읽을 수 있는 공간이었다.

- 완전히 새로운 것을 발견하려 애쓰라.
- 모든 공간에서 힌트를 찾아라.
- 여러 사람들과 함께 생각을 발전시켜라.
- 다양한 관점에서 아이디어를 바라보라.
- 일상 속에서 지속적으로 생각하고, 절대 포기하지 말라.

그의 철학은 말에 그치지 않았다. 박물관에는 실제로 컵라면을 직접 만들 수 있는 체험관이 운영 중이었다. 체험관 앞엔 귀여운 책가방을 멘 초등학생들이 삼삼오오 줄을 서 있었다. 알록달록한 배낭을 메고, "무슨 그림 그릴 거야?" "나는 고양이! 넌?" "나는 불꽃!" 서로 기대에 찬 눈빛으로 얘기하며 차례를 기다리고 있었다. 아이들은 마치 소풍을 온 듯 들떠 있었다.

나도 그들 틈에 섞여 컵을 받았다. 색색의 펜이 가득 놓인 테이블에 앉아, 한참을 고민하다가 나만의 그림을 그렸다. 이름도 쓰고, 별도 그리고, 나무도 그렸다. 내가 좋아하는 형광펜으로 마음에 드는 문구도 적었다. 아이들 틈에 섞여 있는 내 모습이 어색했지만 동심으로 돌아간 기분에 설레기도 했다. 같이 간 친구가 어린 시절로 돌아간 듯 아이처럼 "이건 내 컵라면이야!" 하며 자신이 그림을 그린 컵라면 용기를 자랑스럽게 보여줄 때는 즐거운 웃음이 났다.

용기 디자인이 끝나면 토핑 코너로 이동한다. 토핑 코너에서는 라면에 넣어 먹는 계란, 고기, 새우, 야채 네 가지 토핑을 원하는 대로 고를 수 있다. 다들 진지한 표정으로 토핑을 선택한다. 어떤 아이는 "새우, 새우" 하면서 손가락으로 토핑을 가리킨다. 엄마가 멀리 있는 토핑을 선택하는 아이를 안아준다. 아이가 원하는 토핑을 가리키면 직원이 컵 안에 담아 준다. 엄마도 나도 웃음이 났다.

재료를 다 담고 나면 직원들이 뚜껑을 실링해 주고, 특별한 비닐 가방에 담아준다. 공기를 넣어 푹신하게 만든 빨간 끈이 달린 투명 가방은 컵라면을 보호하는 동시에, 들고 가는 재미까지 더한다. 아이들은 마치 보물처럼 가방을 등에 매달고 돌아갔다.

소비자의 기억에 남는 방법

닛신이 박물관을 방문한 관람객들에게 쥐여주고 싶은 것은 라면이 아니다. 라면을 만들고, 꾸미고, 들고 가는 경험을 통해 닛신이라는 브랜드이자 기억을 남기고 싶은 것이다. 자기만의 라면을 메고 돌아간 사람들에게 닛신의 라면은 다른 라면과 다르게 기억될 것이 분명하다.

체험을 끝내고 나오면서 생각했다. 브랜드는 단순히 상품을 팔기 위한 이름이 아니라, 마지막 순간까지 브랜드가 지닌 철학·감성·경험을 고객에게 온전히 전달하는 것이어야 한다.

최초가 된다는 건, 단순히 제일 먼저가 아니다. 브랜드를 넘어 철학을 이야기하고, 이것을 소중히 간직할 새로운 고객 경험을 제안하는 것. 바로 그곳에, 진짜 새로운 혁신의 세상이 기다리고 있었다.

/
어떤 차이를 만들 것인가?: 비비고와 하코야
/

시장에서 진정한 차별화는 단순한 질문에서 시작된다.

"내 상품은 어떻게 다른가?"

이 질문이 강력한 이유는 소비자의 마음을 사로잡는 본질적 차이를 묻는 질문이기 때문이다. 차별화의 길은 두 가지 방향으로 뻗어 있다. 하나는 제품의 물리적 혁신을 통한 길이고, 다른 하나는 감성과 경험의 차별화를 통한 길이다.

품질과 패키지의 차별화: 비비고 죽

F&B 시장에서 진정한 혁신은 종종 경계를 넘나드는 관찰에서 태어난다. 레스토랑의 인기 메뉴가 아직 상품화되지 않았다면? 또는 성공한 가공식품이 외식 프랜차이즈에 접목된다면? 이런 교차점에서 새로운 기회가 열린다. 시장은 우리가 생각하는 것

보다 훨씬 유기적으로 연결되어 있기 때문이다.

비비고 죽의 성공 사례는 이런 관찰력이 만들어낸 결실이다. 프랜차이즈 죽 전문점들이 급성장하던 시점에, 소비자들의 관심이 '죽'이라는 카테고리로 모이고 있었다. 해외 시장 분석 결과, 일본은 고령화 사회에 맞춰 다양한 죽 제품을 선보이고 있었고, 특히 쌀 본연의 맛을 살리는 데 주력하고 있었다.

반면 한국 시장은 죽을 작은 용기에 담은 단조로운 제품이 대부분이었고, 재료의 질감은 살아있지 않았으며 브랜드의 세련됨도 부족했다. 이 간극에서 기회를 포착한 비비고는 용량을 확대한 파우치 형태로 재료의 질감이 살아있는 프리미엄 죽을 선보였고, 결과적으로 가파른 매출 성장을 만들며 최단기간 천억 돌파의 기록을 세웠다. 정직한 품질과 새로운 형태에 시장이 놀라울 정도로 빠르게 반응한 것이다.

상품기획은 종종 콜럼버스의 달걀과 같다. 모두가 보고 있지만 아무도 도전하지 않았던 것, '왜 이건 없지?'라는 기본적인 질문이 혁신적인 기획의 출발점이 된다. 그리고 그 질문을 놓치지 않고 끝까지 파고드는 집요함과 실행력이 진정한 기획자의 역량이다.

비비고 죽은 단순히 제품을 만든 것이 아니라, 시장의 흐름을 읽고 소비자의 잠재된 욕구를 발견했던 것이다. 당시 상품기획을 맡은 나는 스스로에게 질문했다.

"왜 프리미엄 죽 시장은 외식에만 국한되어 있는가?"

"왜 집에서도 레스토랑 품질의 죽을 즐길 수 없는가?"

이 질문들이 새로운 카테고리를 창출했고, 많은 소비자의 공감을 얻었다.

그러나 모든 차별화가 제품의 기능적 혁신에만 있지는 않다. 때로는 하나의 이미지, 단 하나의 감성이 소비자의 마음을 사로잡는다. 비비고 죽이 제품의 물리적 혁신으로 시장을 개척했다면, 하코야는 감성적 차별화로 소비자의 마음을 사로잡았다.

대표 이미지로 설득하라: 하코야

하코야는 일식 전문 브랜드로, 면 반죽 공정의 특별함, 깊은 맛의 소스, 장인 정신으로 만든 레시피 등 많은 요소를 강조할 수 있었지만, 모든 설명 대신 하나의 상징적 이미지에 집중했다. 바로 일본 식당 입구에 걸린 하얀 천, 노렌이었다.

하코야에서 노렌은 단순한 장식이 아니라, 문을 열고 새로운 맛의 세계로 들어가는 순간을 상징한다. 하코야가 파는 음식, 맛, 가치를 장황하게 설명하지 않아도, 소비자들은 하얀 노렌의 이미지 하나로 일본 여행의 정서를 떠올린다. 복잡한 설명 대신 감성을 먼저 전달하기로 한 것이다.

익숙하면서도 이국적인 그 디자인 감성이 하코야를 다른 경쟁 브랜드와 차별화할 거라고 생각했다. 홍등이 켜진 일본 골목

브랜드 메시지 한 줄 정리 훈련(예시)

기획하는 상품의 핵심 메시지를 한 줄로 정리해 보세요.

구분	자사 제품(전통 한식 HMR)	경쟁사 제품(글로벌 퓨전 HMR)
대표 메뉴명	소고기 미역국 세트, 김치찌개 정식	트러플 크림 파스타, 태국식 그린커리
핵심 가치	집밥의 정성, 한국적 정체성	새로운 맛 경험, 글로벌 다양성
기능적 가치	익숙한 한식 메뉴, 균형 잡힌 영양, 간편 조리	이국적 메뉴, 트렌디한 조리법, 간편성
감성적 가치	가족과 함께 먹는 따뜻한 집밥, 그리운 맛	여행지에서 느끼는 설렘, 색다른 즐거움
한 줄 메시지 (20자 내외)	"한 끼의 온기가 그리울 때, 집밥 그대로"	"낯선 맛의 즐거움, 집에서 만나다"

길, 작은 식당에서 사케 한 잔과 함께 하루를 마무리하던 여행의 추억. 하코야의 제품 패키지를 여는 것이 일본 식당의 노렌을 열고 들어가는 순간의 감성을 불러일으켰으면 했다. 그 결과 수도권 거주 3040 남녀 대상 브랜드 자체 조사에 따르면, '하코야' 하면 떠오르는 브랜드 이미지로 전문 일식 HMR 상품으로 인식하는 소비자가 전체의 50% 수준에 이르렀다.

'어떻게 달라야 하는가'라는 질문은 기획의 본질을 관통한다. 차별화는 때로는 제품 자체의 혁신에서, 때로는 브랜드가 전달하는 첫 감정에서 비롯된다. 소비자의 마음을 사로잡는 것은 결국 그들이 느끼는 차이, 그들의 삶에 더해지는 새로운 가치다.

  진정한 기획자의 시선은 남들이 보지 못하는 간극을 발견하고, 그 간극을 메울 수 있는 독창적인 방법을 찾아내는 데 있다. 제품이든 감성이든, 소비자에게 다가갈 수 있는 본질적인 차이를 발견하고 이를 효과적으로 전달하는 것이 히트 상품 기획의 핵심이다.

/
실패한 케어푸드의 페르소나
/

상품을 기획할 때는 기존 제품들과 '어떻게' 다른가를 고민하는 것 못지않게 '누구'를 위한 것인가를 생각하는 것이 중요하다. 시장에서 살아남는 기획은 항상 날카로운 타깃 설정에서 시작하기 때문이다. 제품을 구매할 사람의 생활, 취향, 절실한 필요를 구체적으로 상상할 수 있어야 한다. 제품이 아니라 사람이 기획의 중심이 되어야 한다.

누가 먹는가? 왜 먹는가?

'더 비비고'는 그런 시도에서 시작되었다. 회의실에서 다양한 논의를 하던 중 질문이 나왔다. "중장년층을 위한 국물 요리는 없을까요?" 그 순간 나도 모르게 고개를 끄덕였다. 나이가 들수록 음식에 대한 취향이 변하는 것은 자연스러운 일이다. 나이가 들수록 자극적인 맛보다는 몸에 좋은 재료를 찾게 되고, 건강을 생각하는 식습관으로 바뀌는 경향이 강하게 나타난다.

우리는 이를 기반으로 수삼과 황기를 넣은 백숙, 영양이 풍부한 꼬리곰탕, 소화가 잘 되는 뿌리 야채죽 같은 메뉴를 기획했다. 비비고보다 한 단계 높은 프리미엄 브랜드로 포지셔닝하기 위해 '더 비비고'라는 이름을 붙였다. 그린에서 골드로 바뀐 로고를 통해 건강과 고급스러움이라는 메시지를 담았다.

출시 전부터 우리는 모두 기대에 부풀었다. 시제품 촬영 날, 한 직원이 제품을 보며 말했다.

"부모님 선물용으로 정말 좋겠어요."

기대감을 더하는 말이었다. 유통망도 완벽하게 준비했고, 백화점 입점을 확정 지으며 런칭 준비에 박차를 가했다. 나는 속으로 확신했다. '이번엔 크게 한 건 하겠구나.'

하지만 출시 후 몇 달이 지나자, 소비자의 반응은 싸늘해졌다. 매출 보고서의 숫자는 기대치를 한참 밑돌았고, 매장에서는 "왜 이렇게 비싸요?"라는 질문이 끊임없이 들려왔다. 초기 프로모션이 끝나고 정상 판매가로 전환되자 매출은 더 급격히 떨어졌다. 내부 보고 회의에서 담당자가 머뭇거리며 말했다.

"가격 때문만은 아닐지도 모르겠습니다."

나는 당장 백화점 매장으로 나갔다. 시식 테이블에 서서 지나가는 고객들의 반응을 관찰했다. 제품은 고급스러웠지만, 소비자의 발걸음을 붙잡지는 못했다. 어떤 중년 여성이 제품을 들었다가 다시 내려놓으며 무심코 한 말이 내 귀에 꽂혔다.

"이건 누가 먹는 건가요?"

그 한 마디가 내내 머릿속을 맴돌았다. 누가 먹는가? 왜 먹는가?
우리가 준비한 모든 기획은 정교했지만, 정작 가장 중요한 질문의 답이 비어 있었다. 타깃의 실체는 모호했고, 가격 포지셔닝은 애매했으며, 그렇기 때문에 판매를 연결하는 유통의 접점도 흔들렸다. 그렇게 '더 비비고'는 시장에서 조용히 퇴장했다. 분명한 실패였다. 하지만 값진 교훈을 남겼다.

당신만을 위한 상품
내가 생각하기에 좋은 제품을 만든다고 시장이 저절로 열리는 것이 아니다. 아무리 뛰어난 기획이라도 소비자의 일상에 닿지 않으면 공허할 뿐이다. 잘 만든 제품이 아니라, 필요한 사람에게 꼭 맞는 제품이어야 성공한다.
최근의 성공 사례들이 이러한 전략을 뒷받침한다. 다이어트, 고령화, 맞춤형 건강식을 내세운 브랜드들은 대중이 아닌 특정 고객층을 분명히 정하고 시작했다. 이들은 '모두를 위한' 제품이 아닌, '당신만을 위한' 제품을 만들었다. 작지만 타깃 고객이 뚜렷한 브랜드는 열정적인 팬층을 형성하며 조용히 시장을 키워가고 있다.

이제 상품기획의 시작점은 '제품'이 아니라 '사람'이다. 그리고 그것은 상세하게 설명할 수 있는 '단 한 사람'을 페르소나로 놓고 설계가 되어야 한다. 제품이 스스로 소비자에게 다가가야 하며 소비자가 제품을 찾아오길 기다리는 시대는 끝난 것인지도 모른다. 케어푸드 시장이 성장하려면, 모호한 '중장년층'이 아닌 구체적인 '한 사람'을 위한 식탁을 차려야 한다.

"누구를 위한 상품인가?"

이 질문이 명확할수록, 제품은 흔들리지 않는다.

더 비비고의 실패는 단순한 프리미엄 전략의 실패가 아니라, 소비자의 얼굴을 명확히 그려보지 않는 상품기획의 한계를 보여준다. 그것은 모든 기획자가 가슴에 새겨야 할 쓰라린 교훈이다.

/
출시 후가 진짜 시작이다
/

상품을 시장에 내놓는 순간, 많은 기획자가 '이제 끝났다'는 안도의 한숨을 쉰다. 하지만 진짜 시작은 바로 그때부터다.

출시된 제품은 결과로 말한다. 말이 없는 제품은, 쓰라리지만 시장에서 외면당했다는 뜻이다. 그러나 상품이 외면당했다고 기획자까지 외면해선 안 된다. 외면 속에 숨어 있는 의미를 찾아야 한다. 성과 점검은 기획 못지않게 중요하다. 아니, 오히려 더 중요할지도 모른다. 특히 음료처럼 라이프 사이클이 짧고 계절성이 높은 제품은 한 달 한 달의 숫자가 생존을 결정하기 때문에 시장 반응에 더 예민해야 한다. 여름 성수기를 놓치면 다음 기회는 없다.

출시 후의 성과를 복기하라
출시 후 긴장을 놓았을 때의 더 큰 문제는, 분석 없이 다음 제품을 준비한다는 것이다. 왜 팔렸는지, 왜 안 팔렸는지를 모르고 다음 제품을 준비하는 건 마치 시험 문제를 틀리고도 복습 없이 다음 시험을 치는 것과 같다. 실패는 '틀린 문제'이고, 성공은 '운 좋은 일'일 수 있다. 하지만 진짜 성장은 오답을 복기하고 이유를 찾아가는 과정에서 생긴다. 성공하는 상품기획은 끊임없는 반복 훈련이 필요하다.

제품이 잘 팔렸다면, 무엇이 소비자의 마음을 움직였는지 정확히 짚어야 한다. 포지셔닝이 적중했을까? 광고의 메시지가 좋았을까? 아니면 운 좋게 경쟁사가 없었을 뿐일까? 반대로, 매출이 빠지고 있는데 원인을 모른다면 문제는 더 깊다. 담당자들은 열심히 일하고 있고, 제품도 나쁘지 않다. 그런데 왜 매출은 빠질까?

내가 컨설팅 의뢰를 받으면 가장 먼저 하는 일 중 하나는 경쟁사 분석이다. 경쟁사의 SNS를 팔로우하고, 광고 메시지를 모니터링한다. 같은 시장에서 어떤 스토리텔링이 먹히는지, 소비자의 어떤 감성을 건드리는지, 어떤 이미지가 구매 전환율을 높이는지를 본다. 내가 맡은 제품뿐만이 아닌, 경쟁사의 제품이 소비자의 손에 선택받는 이유를 파악해야 한다. 이 과정에서 다음 기획이 탄생하기도 한다.

분석은 반복할 때 흐름이 보인다

성과 분석은 숫자로 말해야 한다. 계획 매출 대비 실제 성과, 초

사업 성과 정량 추적표(예시)

출시 후 일정 기간 동안의 매출 및 이익 성과를 추적 점검하세요.

아이템	매출(억)	비용(억)	이익(억, %)	메모(이벤트 등)
콜드브루 커피	178	142	36(20%)	편의점 입점, 1+1 행사
제로칼로리 탄산수	140	115	25(18%)	온라인몰 프로모션
프리미엄 과일 주스	102	81	20(20%)	백화점 팝업 스토어 운영
단백질 밀크셰이크	80	64	16(20%)	피트니스센터 제휴 판매
합계	500	402	97(19%)	

기 TRIAL 고객의 반응, 재구매율, 마케팅 노출 대비 클릭률, 구매 전환율 등. 이런 지표들은 냉정하지만 정직하다. 성과가 부족할 땐 살펴보다가도 성과가 나기 시작하면 분석이 안일해지기도 한다. 그러나 사업의 지속 성과를 위해서는 사업이 안되는 이유도 잘 되는 이유도 같이 살펴봐야 한다. 이유 없이 잘 되는 것은 더욱 위험하기 때문이다.

지표의 반복 점검이 중요한 이유는 하나 더 있다. 반복적으로 분석하면 이러한 지표들의 패턴이 보인다.

매달 시장의 흐름을 보고 있으면 미래를 예측할 수 있고 성과가 줄어드는 이유를 꾸준히 살피다 보면 빠르게 대응 전략을 수립하게 된다. 시장의 변수는 많지만, 내가 통제할 수 있는 지표는 의외로 단순하다. 단순한 지표들을 반복적으로 보면서 익힐수록 판단력이 늘어난다.

단 한 번의 성공이 아니라, 열 번 중 일곱 여덟 번 이상을 성공시키는 기획자가 되기 위해서. 우리는 늘 다음을 준비해야 한다. 조용히, 그러나 날카롭게.

/
신뢰가 먼저다
/

기획자가 가장 빠지기 쉬운 함정이 있다. 바로 '내가 만든 것은 완벽하다'는 착각이다. 기획 초기에는 늘 그런 믿음이 생긴다. 자신이 낸 아이디어에 몰입하고, 스스로 만든 세계에 빠져들기 때문이다. 그러다 보면 주변의 피드백 중에서도 듣고 싶은 말만 귀에 꽂히고, 불편한 의견은 자연스레 흘려버리게 된다.

고객의 소리는 냉정하게
하지만 시장은 냉정하다. 말 한마디, 한 줄의 리뷰가 제품의 성패를 가른다. 특히 음식은 먹어봐야만 맛을 알 수 있고, 맛의 기준이 지극히 개인적이기 때문에 매장에서 고객과 직접 마주하는 직원의 이야기를 반드시 들어야 한다. 그들이 고객에게 어떤 말을 건네고, 고객은 어떤 반응을 보이는지, 이것을 정기적으로 점검하고 모니터링하는 것이야말로 상품기획의 근간이다. 프랜차이즈를 운영하는 사람이라면 하루에 몇 시간은 매장에 서서 고객의 눈을 보고 반응을 읽어야 한다. 때로는 고객의 말보다 표정이 더 많은 것을 알려주기도 한다.

나는 지금도 현장에 나갈 때는 암행어사가 된 기분이다. 신제품이 매장에 깔리면, 조용히 수도권 매장을 찾아간다. 그리고 시식대 앞에서 손님인척 직원에게 물어본다.

"이건 어떤 재료로 만들었어요?"

직원이 답한다.

"국산 재료를 써서 만들었고요, 공정도 안전해서 믿고 드실 수 있어요."

제품 가이드가 제대로 전달된 것을 확인하면 그제야 마음이 놓인다.

6개월 이상 몰입해서 만든 제품의 원료 선정부터 공장 시생산, 본생산까지의 모든 과정은 결국 현장에서 전달하는 짧은 멘트 한 줄에 담겨야 한다. 이 한 줄이 어긋나거나 멘트에 담긴 약속을 제품이 지키지 못한다면 수백 수천만 원이 날아가는 건 물론이고, 소비자에게 회복하기 어려운 실망을 안긴다. 한 번 잃은 신뢰는 쉽게 되돌릴 수 없다.

피드백은 빠르게

소비자 후기도 결정적으로 중요하다. 가끔 댓글 조작 논란이 있다지만, 여전히 리뷰는 소비자의 선택에 큰 영향을 끼친다. 신제품이 출시되면 가장 먼저 해야 할 일 중 하나가 댓글 확인이다. 온라인이 활발하지 않던 예전에는 지역 영업팀과 수시로 연락해서 고객 반응을 수집했다면, 지금은 온라인 댓글을 실시간으로 체크한다. 댓글이 쌓여야 제품이 노출되고, 제품이 노출이 되어야 판매로 이어진다. 이는 단순한 마케팅 전략이 아니라 리스크 관리의 기본 원칙이다.

한 번은 이런 일이 있었다. 한식 가정간편식 '한반' 이북식 만두를 출시했을 때였다. 출시 전 개발 단계에선 별문제가 없었다. 그런데 막상 시판 제품을 시식해 보니 만두에서 미세하게 고기 냄새가 나는 듯 했다. 게다가 몇몇 만두는 피가 살짝 벗겨져 있었다. 이북식 만두는 두껍게 감싼 피가 특징이라 벗겨질 수가 있고, 슴슴한 맛이 지역 특색이라 맛에 예민한 고객들은 다르게 느끼는 것이었다.

마켓컬리 리뷰에 하나둘 댓글이 올라오기 시작했다. '고기 냄새가 좀 나요.' '피가 벗겨졌어요.' 나는 즉시 사무실로 돌아와 관련 팀을 소집했다.

누군가는 말했다. "새로운 제품으로 리뉴얼 하면 되는데 굳이 이슈를 키울 필요가 있나요?" 또 누군가는 "빠르게 댓글 달아서

VOC* 수집 정리표(예시)

고객의 목소리를 수집하고 정리하여, 개선할 점을 정리해 보세요.

수집 채널	긍정 키워드	불만 키워드	개선 제안	실행 가능 여부
온라인 리뷰	간편하다, 맛이 집밥같다	짜다, 양이 적다	나트륨 10% 저감 레시피 개발, 대용량 패키지 추가	가능 (단기 실행)
고객센터 전화	배송이 빨랐다	포장 훼손, 냉동 상태 불량	포장재 보강, 물류사 점검	가능 (즉시 실행)
오프라인 시식 행사	아이들이 잘 먹는다	가격이 비싸다	소포장/가성비 라인업 추가	부분 가능 (중기 과제)
자사 SNS 댓글	신제품이 다양하다	원산지 표시가 잘 안 보인다	패키지 전면 원산지 표기 강화	가능 (단기 실행)

분위기를 전환하면 되죠"라고 제안했다.

나는 단호했다.

"그럴 순 없어. 나는 30년 동안 단 한 번도 이런 식으로 문제를 덮은 적이 없어. 우리가 떳떳하게 상품을 만들지 않으면 고객들은 결국 사라지는 거야."

● voice of customer

나는 즉시 개발팀장에게 출고 수량을 확인하라고 지시했고, 수백만 원 규모의 재고가 있다는 보고를 받았다.

"다 회수하자. 우리가 먹든 버리든, 고객에게는 절대 안 된다."

결국 우리는 생산처와 함께 절반의 비용을 부담해 재고를 전량 회수했다. 막대한 손실이었지만, 브랜드에 대한 신뢰를 지키기 위한 불가피한 결정이었다.

그날, 우리 팀 회의실에는 무거운 침묵이 감돌았다. 하지만 나는 막대한 손실에 마음이 무겁기는커녕 오히려 안심이 되었다. 이는 단기 매출보다 브랜드의 장기적 미래를 결정하는 중대한 문제였기 때문이다. 지금도 그날을 떠올리면, 옳은 결정을 내렸다는 확신이 든다.

기획자는 언제나 두 갈래 길 앞에 선다. 하나는 쉬운 길, 하나는 옳은 길. 소비자의 목소리는 늘 정답을 제시해 주진 않지만, 나아갈 방향은 명확히 가리켜준다. 그 방향을 정확히 알고 두려움 없이 꾸준히 나아가는 사람이야말로, 진정한 의미의 상품기획자이다.

/
지키고 버티는 힘은 강하다: 오설록
/

녹차, 그 이름만 들어도 어딘가 씁쓰름하고 어른들의 음료 같은 이미지가 떠오른다. 나도 어릴 때는 녹차를 일상에서 쉽게 마시는 기호 식품보다 건강을 위해 억지로 마시는 전통차 정도로 여겼다. 반면 커피는 전혀 달랐다. 아메리카노, 카페라테, 카페모카, 아인슈페너 등 다양한 맛을 지닌 커피는 세대를 아우르는 문화가 되었고, 수많은 커피 프랜차이즈가 등장과 소멸을 반복하며 화려한 마케팅 전쟁을 했다. 그런 커피 시장의 폭풍 속에서 녹차는 조금 뒤처진 존재처럼 보이기도 했다.

본질을 지키는 뚝심
그 전쟁통 속에서 묵묵히, 그리고 단단히 자리를 지킨 브랜드가 있다. 바로 '오설록'이다.

1979년, 아모레퍼시픽의 창업주 서성환 회장은 단순히 차를 팔겠다는 생각을 넘어서, 우리 고유의 차 문화를 복원하고자 제주 한라산 자락에 녹차밭을 일궜다. 1980년대 초에 녹차 공장을 세운 것은 수익보다는 철학에 가까운 도전이었을 것이다. 당시 대부분의 기업들이 빠른 성장과 단기적 수익에 집중할 때, 오설록은 다른 길을 택했다.

서 회장의 이 같은 결정은 단순한 고집이 아니었다. 화장품 사업을 하면서 자연 원료의 힘을 깊이 이해했던 그는, 우리나라 차 문화의 잠재력을 일찍이 알고 있었다. 제주도의 청정한 자연환경과 화산토의 미네랄이 최상급 녹차를 만들어낼 수 있다는 확신이 있었다. 이는 한 세대를 내다본 장기적 문화 기획이자, 브랜드를 '한국적 기호'의 중심에 세우려는 전략적 포석이었다.

1980년대에서 1990년대 사이에 커피가 급속도로 대중화되는 동안 오설록의 녹차는 틈새시장에 머물렀다. 하지만 이 시기야말로 오설록이 브랜드의 근간을 다진 결정적 시기였다. 차 재배부터 가공, 포장까지 모든 과정에서 품질을 끌어올렸고, 차에 대한 전문성과 노하우를 축적했다.

오설록은 녹차라는 하나의 카테고리에 집중하며, 단기적인 유행이나 빠른 확장보다는 브랜드 자산을 천천히 쌓는 전략을 택했다. 오늘날의 비즈니스 관점에서 보면 위험한 선택일 수도 있다. 더군다나 다각화를 통해 리스크를 분산하는 것이 일반적인 기업 전략인데, 오설록은 오히려 하나의 영역을 깊이 파는 길을 선택했으니 말이다.

하지만 차에 집중하는 전략이야말로 오설록이 성공할 수 있었던 가장 큰 이유였다. 오설록의 제품은 물론 오프라인 공간, 패키지, 콘텐츠까지 오설록의 모든 터치포인트는 '한국 차 문화의 정통성과 현대적 세련미'라는 하나의 방향성을 향해 정렬되어 일관적인 브랜드 메시지를 전달했다.

특히 패키지 디자인에서 오설록이 보인 일관성은 주목할 만하다. 전통적인 한국의 미감을 현대적으로 재해석한 디자인은 소비자들에게 브랜드에 대한 강렬한 인상을 남겼다. 선물용 세트부터 일반 제품까지, 모든 제품에서 프리미엄 이미지를 만들려 노력했다.

또, 2001년에 문을 연 제주도의 오설록 티 뮤지엄은 당시로서는 획기적인 시도였다. 제조업체가 단순히 제품을 생산하는 것을 넘어서, 브랜드 경험을 제공하는 문화 공간을 만든 것이다. 드넓은 녹차밭과 섬세한 패키지, 그리고 세련되고 다양한 형태의 제품 구성들… 티 뮤지엄을 찾는 방문객들은 꼭 차를 구매하지 않더라도 오설록이라는 브랜드가 추구하는 가치와 철학을 온몸으로 경험한다. 녹차밭을 거닐며 차가 자라는 과정을 보고, 차를 우리는 과정을 배우며, 다양한 차 제품을 시음하는 일련의 여정은 그 자체로 하나의 브랜드 스토리가 된다.

이러한 공간 전략은 오설록을 단순한 제품 브랜드에서 경험 브랜드로 진화시켰다. 제주도를 방문하는 관광객들에게 오설록 티 뮤지엄은 관광 코스가 되었고, 이는 자연스럽게 브랜드 인지도와 호감도 상승으로 이어졌다. 긍정적인 브랜드 경험이 입소문과 SNS를 통해 퍼졌고, 티 뮤지엄은 제주도를 가면 반드시 가보고 싶은 공간으로 만들었을 뿐만 아니라, 오설록이라는 브랜드의 철학과 한국 차 문화가 숨 쉬는 예술 공간으로 자리 잡았다.

시간이 지나자 세상도 변했다. 최근 녹차 시장은 그 어느 때보다 뜨겁다. 국내 농수산식품유통공사$_{aT}$의 통계에 따르면, 국내 차 시장은 2018년 약 4200억 원에서 2023년 5300억 원대로 성장했고(오프라인 제조, 유통 기준), 프리미엄 녹차 제품은 연평균 6~7%씩 꾸준히 커지고 있다. 글로벌 시장 규모도 2023년 약 150억 달러에 달하며, 특히 북미와 유럽에서 말차를 중심으로 차 수요가 빠르게 늘고 있다. 이제 차는 건강 음료라는 인식을 넘어 취향과 라이프스타일로서 자리 잡아가고 있다.

오설록이 시장 변화에 대응하는 방법

이러한 변화의 배경에는 여러 요인이 복합적으로 작용했다. 코로나19 팬데믹을 거치며 건강에 대한 관심이 높아졌고, MZ 세대를 중심으로 웰빙 라이프스타일이 확산되었다. 전문 티 카페가 생기면서 다양한 티를 천천히 음미하는 취미를 가진 (혹은 갖게 된) 소비자들이 눈에 띄기 시작했다. 또한 K-뷰티와 K-푸드의 글로벌한 인기와 함께 한국 전통차 문화에 대한 관심도 높아졌다. 숨가쁘게 움직이는 시대에서 잠시 멈추어 자신을 돌아보는 수단으로 천천히 우려 음미하는 차를 선택하는 소비자가 늘어나면서 전통차 문화가 재조명 받기도 했다.

건강한 식생활을 중시하는 소비 트렌드, 그린푸드에 대한 관심, 그리고 Z 세대를 중심으로 한 말차 붐은 시장의 흐름을 바꿔 놓았다. '슈퍼말차'와 같은 젊은 브랜드들이 SNS와 팝업 스토어를 통해 대중에게 말차의 매력을 알리자, 소비자들은 '차' 하면 생각나는 원조 브랜드 오설록으로 다시 눈을 돌리기 시작한 것이다.

흥미로운 것은 새로운 말차 브랜드들이 시장을 키우면서, 오히려 오설록의 가치가 더욱 부각되었다는 점이다. 젊은 소비자들이 말차에 입문한 후, 더 깊이 있는 차 문화를 경험하고 싶어 할 때 자연스럽게 찾게 되는 브랜드가 바로 오설록이었다. 40년 동안 쌓아온 전문성과 브랜드 헤리티지heritage는 새로운 경쟁자들이 쉽게 따라 할 수 없는 오설록만의 자산이 되었다.

오설록은 시장 변화에 능동적으로 대응했다. 기존의 전통적인 이미지를 유지하면서도, 젊은 소비자들의 취향에 맞는 새로운 제품군을 출시했다. 말차 라테, 말차 디저트 등 트렌디한 제품들을 선보이면서, 특유의 품질과 정통성은 그대로 유지했다. 이는 브랜드의 확장이 아니라 진화에 가까웠다.

오설록의 성공 뒤에는 명확한 기획 전략이 있다. 40년 이상 단일 품목에 집중하며 브랜드 정체성을 확고히 했고, 제품을 넘어 차 문화와 예술을 결합한 경험을 소비자에게 제공했다. 세련된 패키지와 공간을 통해 고급 이미지를 구축했고, 시장 흐름에 휘둘리지 않고 필요한 때에 제품군을 확장했다. 또한 글로벌 시장을 겨냥한 리브랜딩을 통해 말차 중심 소비 트렌드에 발 빠르게 대응했다.

오설록은 단순한 장수 브랜드가 아니다. 기획자가 어떻게 브랜드를 설계하고, 어떻게 버티고 진화해야 하는지를 보여주는 살아있는 교본이다. 화려한 신제품에 빠르게 반응하는 F&B 시장 속에서도 결국 오래 살아남는 브랜드는 자신만의 방향을 지키며 진화하는 브랜드라는 교훈을 오설록이 보여준다.

상품기획자는 늘 새로운 것을 찾지만, 오래가는 브랜드를 만든다는 것은 더욱 중요한 전략이다. 방향이 맞다면, 유행에 흔들리지 않고 끝까지 지켜내는 것. 그것이 진짜 실력이다. 시장은 언젠가 돌아온다. 그리고 그때, 자리를 지키고 있던 브랜드가 고객의 선택을 받는 것이다.

/
로드맵으로 길을 밝혀라
/

많은 기획자가 시장에서 잘 팔릴 만한 제품을 떠올리고, 생각이 구체화되면 곧바로 시제품 개발에 돌입한다. 하지만 방향 없는 속도는 때로는 위험하다. 초기 아이디어가 반짝였더라도, 로드맵 없이 움직이면 조직은 피로해지고 팀은 길을 잃는다.

회사의 미래를 밝히는 로드맵

샐러드 스타트업을 자문하면서 벌어진 일이다. 회사의 제품들은 건강식이라는 명확한 컨셉은 있지만, 몇 가지 제품에서 건강보다 맛에 우선순위를 두는 모습이 보였고, 소재 선택도 전략적 디테일이 아쉬웠다. 개별 상품들은 자체적인 경쟁력을 가지고 매출을 안정적으로 만들고 있었지만 전체적인 상품 전략의 구성이 분산되어 있었고, 무엇보다 이 흐름을 하나로 잡아주는 장기적인 로드맵이 보이지 않았다.

나는 먼저 그간에 진행되었던 다양한 소비자 조사를 점검했다. 조사 결과, 같은 제품이라도 제품의 마니아들의 응답과 일반 소비자의 응답에 확연한 차이가 있었다. 일반 소비자는 맛의 다양성에 니즈가 있었다면, 마니아들은 좀더 단백질, 저당 같은 기능적인 특징에 니즈가 높았다. 데이터를 점검하면서 제품의 사용 빈도에 따라서 소비자들이 중요하게 여기는 '건강'의 의미를 재정의했다.

그다음, 회사의 포트폴리오를 구성하는 카테고리별 우선순위를 정하고 라인업 확장의 순서를 설계했다. 원료에서 완제품까지, 야채와 곡물, 육류와 수산까지, 다양한 영양학적 특징을 담은 분석의 매트리스를 만들었다. 그리고 소비자의 구매 단계에 맞는 상품 로드맵을 매핑했다. 중요한 것은 브랜드의 핵심 철학을 중심에 두고 과거의 상품을 이해하면서 미래의 상품을 설계하는 것이다.

제품군의 사업 확장 방향을 시각화하고, 브랜드의 미래까지 연결되는 큰 그림을 그리자 조직 내부의 분위기부터 달라졌다.

"이제 방향이 보입니다."

"서두르지 않아도 되는 이유를 알겠어요."

"우리가 어디로 가는지를 알고 있으니 프로젝트 하나하나 더 집중할 수 있을 것 같아요."

그날 회의가 끝난 후 대표님이 조용히 말을 걸었다.

"이렇게 명확하게 구조를 잡아준 사람은 처음이에요. 사실 요즘엔 어디로 가는지도 모르고 달리고 있다는 느낌이었거든요."

나는 웃으며 말했다.

"이제부터는 미래의 비전과 방향성이 잘 보일 겁니다. 더욱 핵심에 집중하실 수 있을 거예요."

로드맵의 진정한 가치

로드맵은 단순한 일정표가 아니라, '이 방향이 맞다'는 팀과 조직의 합의점이자, 모든 팀원이 같은 방향을 보고, 같은 고객을 상상할 수 있도록 만들어주는 나침반이다. 기획자에게 로드맵이 필요한 이유는 여기에 있다. 방향이 있어야 속도를 낼 수 있고, 속도가 붙어야 성과를 낼 수 있다. 로드맵 없는 질주는 길을 잃기 쉽다.

로드맵 작업 이후 직원들은 제품에 대한 훨씬 깊은 몰입을 보여줬다. 카테고리마다 고객을 명확히 정의하고, 기획안 역시 더 디테일해졌다. 평범했던 영업 제안서는 고객 맞춤 제안서로 진화했다. 고객을 상품 구매 빈도에 따라서 타입을 정의하고, 타입별 최적의 상품을 제안하니 영업에서 반응도 좋고 고객사에서도 훨씬 긍정적인 피드백이 돌아왔다. 의뢰받는 상품을 만드는 회사에서 제안하는 상품을 가진 회사로 탈바꿈하는 과정 속에서 직원들의 로열티도 향상되고 사업의 성과도 크게 개선되었다.

나는 새로운 기획을 시작할 때, A4 한 장짜리 로드맵을 만든다. 제품별 카테고리, 매출과 성장성, 포지셔닝, 타깃 고객 그리고 향후 미래의 모습까지. 작성한 문서는 수시로 꺼내보는 프로젝트 나침반이 된다. 가끔은 다른 길로 가는 일이 있어도, 언제든 다시 돌아오기 위해서 로드맵은 있어야 한다. 전략 없는 실행은 반복된 실패를 만들 뿐이다.

기획자라면, 일을 시작하기 전에 스스로에게 묻자.

"우리는 지금 어디로 가고 있는가?"

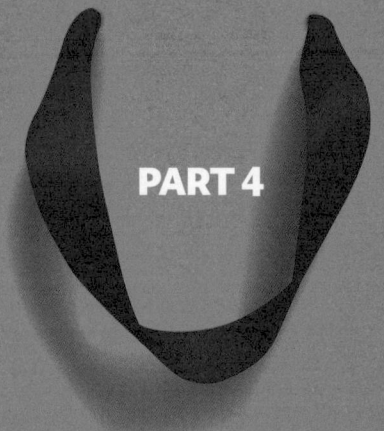

PART 4

소통하는 브랜드가 살아남는다

/
차 한잔의 경험: 공차코리아
/

당신이 프랜차이즈의 문을 열고 들어갈 때, 당신은 그 순간부터 브랜드가 준비한 세계로 발을 들이게 된다. 그리고 그 소통의 깊이와 진정성이 브랜드의 성공을 결정짓는다.

그렇다면 프랜차이즈 브랜드 기획자에게 가장 중요한 역량은 무엇일까? 바로 브랜드의 철학과 가치를 제품과 공간을 통해서 고객에게 온전히 전달하는 것이다.

오프라인 공간 경험을 설계하라
프랜차이즈의 본질은 단순한 제품 판매가 아니다. 소비자와의 깊은 교감과 브랜드 철학을 실제 경험으로 변환하는 것이 핵심이다. 특히 오프라인 매장을 가진 곳이라면 더 세심한 고민이 필요하다. 왜냐하면 고객이 '공간'에 발을 들이는 순간부터 소통이 시작되기 때문이다. 우리가 프랜차이즈 브랜드에 대해 느끼는 감정은 음식이나 음료 자체보다 그 공간에서 만들어지는 총체적 경험에서 비롯된다.

일반 가공 상품에서 소비자와의 소통은 비교적 단순하게 이루어진다. "이 회사 떡볶이는 정말 맛있다" 또는 "라면은 이 브랜드가 최고다"와 같은 평가는 제품 자체의 경쟁력과 패키지, 광고를 통한 이미지로 소통이 완성된다. 소비자는 대체로 제품을 자신의 공간으로 가져와 경험한다.

하지만 매장에서 상품을 파는 프랜차이즈는 다르다. 한정된 공간 안에서 고객에게 브랜드 전체의 이야기를 전달해야 한다. 고객이 매장에 들어서는 순간, 다른 선택지는 사라지고 브랜드가 설계한 공간 속에서 모든 소통이 이루어진다. 매일 매출에 울고 웃는 점포 입장에서는 공간의 경쟁력, 공간이 전달하는 감정, 공간이 말하는 철학까지 모든 요소가 제품과 잘 어우러져서 고객에게 전달되어야 한다.

브랜드가 전달하고자 하는 철학은 인테리어, 고객 서비스, 제품 비주얼 등 눈에 보이는 모든 요소를 통해 일관되게 소통되어야 한다. 모든 요소가 하나의 일관된 스토리를 완성하고, 그 스토리가 고객에게 전달될 때 진정한 소통이 이루어진다. 그래서 프랜차이즈 기획자가 가장 먼저 고려해야 할 소통의 매개체는 바로 '공간'이다.

공차 매장에 숨겨진 것

공차코리아에서 마케팅 고문으로 일하는 동안 나는 차 문화에 관한 많은 것을 배웠다. 공차는 대만의 전통 버블티를 한국에 소개하며 큰 인기를 얻었다. 대만의 전통을 한국의 문화적 감성에 맞게 재해석한 창업자의 전략이 성공을 거둔 것이다. 하지만 그 성공 뒤에는 맛 이상의 소통 전략이 있었다.

커피 중심이었던 한국 시장에 차라는 새로운 음료 문화를 정착시키기 위해서는 제품 자체의 맛을 넘어 공간을 통한 차별화된 소통이 필요했다. 공차는 매장 디자인, 음료 제조 과정의 시각화, 직원들의 서비스 매뉴얼까지 모든 요소를 통해 브랜드의 정체성을 일관되게 전달하고자 했다.

당시 공차의 메인 타깃은 18세에서 24세의 여성이었다. 고등학생과 대학생들이 학교가 끝난 후, 친구와 수다를 떨며 달달한 음료를 즐기기 위해 찾는 공간으로 만들고자 했다. 우리는 그들에게 어떻게 '기분 좋은 새로운 일상'을 선사할 것인가에 대해 고민했다. '공차슈페너', '얼그레이 카페라떼 + 펄' 같은 상품들은 고민 끝에 나온 대표적 결과물이었다. SNS에 올릴 수 있는 비주얼, 입안 가득히 퍼지는 달콤함, 그리고 친구와 함께 나누는 경험. 이 모든 요소가 함께 어우러질 때, 음료는 '기억에 남는 소비'가 된다.

그러나 자문 기간 내내 공차가 직면했던 가장 큰 어려움은 계절이었다. 여름철에는 시원한 버블티가 인기를 끌었지만, 겨울이 오면 매출이 감소했다. 우리는 이 문제의 핵심을 제품 자체보다 '차를 마시는 문화'에 대한 인식과 경험을 확장하는 소통의 부족이라고 정의했다.

이 문제를 해결하기 위해 '공들여 만든 차'라는 브랜드 철학을 유지하면서도 계절에 상관없이 즐길 수 있는 차 문화를 알리고, 새로운 메뉴를 공간 전략과 맞춰 전달해야 했다. 단순히 따뜻한 메뉴를 추가하는 것이 아니라, 차를 즐기는 새로운 경험을 하는 것이 중요했다.

공차는 소비자가 골라 먹는 커스터마이징을 빠르게 시도한 프랜차이즈 중 하나로 다양한 토핑으로 소비자의 만족감을 높이고 먹고 나면 뿌듯하게 차오르는 포만감이 특징이었다. 시즌에 맞는 메뉴 개발, 다양한 토핑으로 차별화된 맛 경험을 제공하여 20대 젊은 타깃들이 사랑하는 트렌디한 음료 문화를 만들어 간 것이다. 나는 팀원들과 함께 한국적 소재, 자연 친화적인 스토리텔링을 통해서 히트 상품을 만들기 위해 노력했다. 따라서 메뉴의 변화를 위해 '제주 오름 밀크티＋펄', '납작복숭아 쥬얼리 밀크티'와 같이 지역성과 계절감을 담은 메뉴들로 라인업을 확장했다. 또한 다양한 토핑과 폼 foam 의 차별화를 통해 '마시는 방식'에 대한 새로운 경험을 할 수 있도록 했다. 골든펄, 알로에, 코코넛과 같은 다양한 토핑을 통해 공차 음료만의 차별화를 만들고 밀크폼, 치즈폼을 얹어 달콤하면서도 공차만의 밀크티 맛을 다채롭게 즐길 수 있도록 했다.

메뉴 개발을 위한 현장 소비자 조사는 필수적이다. 새로운 음료를 출시하기 전, 목표 고객층을 대상으로 테스트를 진행하고 점주들의 반응도 세심하게 분석했다. 이를 통해 기획자가 전달하고자 하는 메시지가 고객에게 제대로 전달되는지 점검하고, 고객은 어떤 메시지를 받아들이고 싶어 하는지를 확인하는 쌍방향 소통이 이루어졌다.

프랜차이즈 기획자의 소통법

프랜차이즈 브랜드 기획자의 소통은 언어를 넘어 오감을 통해 이루어진다. 맛뿐만 아니라 비주얼, 향기, 그리고 고객이 느낄 촉감과 청각적 요소까지 고려해야 한다. 버블티의 쫀득한 타피오카 펄을 빨대로 빨아올리는 경험, 치즈폼의 부드러운 텍스처와 밀크티의 조화, 매장에서 들리는 음악까지 모두 고객과의 소통이다. 첫 모금에서 느끼는 인상부터 마지막에 유지되는 풍미까지, 고객의 여정 전체를 하나의 소통 프로세스로 설계하는 것은 상품기획의 핵심이다. 소비자들이 SNS에 공유하고 싶은 비주얼을 설계하는 것은 고객을 통한 2차 소통 전략이 된다.

프랜차이즈 브랜드는 제품만으로 소비자와 소통하지 않는다. X 세대든, MZ 세대든 매장에 들어서는 순간부터 고객이 느끼는 모든 감각적 경험으로 브랜드의 메시지를 전달한다. 공차는 매장의 분위기, 메뉴 보드의 디자인, 직원들의 유니폼과 인사말까지 모든 요소를 통해 '차를 마시는 전문적인 공간'이라는 메시지를 일관되게 소통하기 위해 노력했다.

프랜차이즈 매장은 소통의 무대로 기능하도록 해야 한다. 음료를 파는 공간이든, 식사를 파는 공간이든 각 공간의 매장 디자인은 해당 사업의 문화적 맥락, 전통성과 현대적 감성을 조합해 시각적 언어로 전달할 수 있어야 한다. 고객이 매장에 머무는 동안은 모든 순간이 브랜드와의 대화이다. 따라서 이런 공간을 통한 소통은 제품 자체의 품질만큼이나 고객 충성도 형성에 중요한 역할을 한다. 매장 내에서 제조 과정을 비주얼적으로 설명하면서 좋은 원료에 대한 스토리텔링을 보여주는 것도 도움이 된다.

온라인 이벤트는 고객과 호흡하며 신제품의 반응을 살필 수 있는 효과적인 방법이다. 공차에서는 버블티를 즐기는 젊은 세대를 위해 '공차생' 이벤트를 진행하였는데, 이벤트를 통해 고객의 자발적 참여를 이끌어내고, 브랜드를 발전시킬 귀한 의견들을 얻을 수 있었다. 담당자는 이벤트의 과정도 결과도 제목처럼 흥미로웠다고 했다. 이처럼 기획이 촘촘한 이벤트는 팬덤을 모으는 좋은 기회가 된다.

프랜차이즈 기획자가 나아가야 할 길

프랜차이즈 기획자의 소통은 이제, 시대의 변화에 맞춰 진화해야 한다. 현재 소비자들은 건강과 웰빙, 환경에 대한 관심이 높아지고 있다. 이러한 가치관을 제품에 어떻게 담아 전달할지가 새로운 과제로 떠오르고 있다.

저당, 저칼로리는 단순한 제품 스펙이 아니라 '건강한 삶에 대한 브랜드의 태도'를 보여주는 도구가 된다. 지속 가능한 패키징은 '환경에 대한 책임'을 전달하는 매개체다. 특히 MZ 세대 소비자들에게 이러한 가치 소통은 그들과의 관계 형성에 결정적이다.

생분해성 빨대와 재사용 컵을 시도하는 것, 저당을 위해 노력하는 것 같은 활동은 많은 음료 프랜차이즈가 실행해야 할 과제가 된다. 당장 적용하기에는 수익성이 떨어질 수도 있다. 하지만 젊은 세대의 가치관을 이해하고 미래를 생각하는 기업이라는 것을 보여주기에는 가장 효과적인 방법이 될 수도 있다. 이런 작은 변화는 새로운 고객층을 유입시키는 계기가 된다.

프랜차이즈 기획자는 이제 제품, 공간, 서비스를 넘어 브랜드의 철학과 가치까지 일관되게 소통할 수 있어야 한다. 제품, 공간, 서비스, 마케팅 등 모든 접점에서 일관된 메시지를 전달하고, 고객의 반응을 경청하며, 시대의 변화에 맞춰 커뮤니케이션 방식을 진화시킬 수 있어야 한다. 그리고 이 소통은 일방적인 메시지 전달이 아닌, 고객과의 의미 있는 대화여야 한다.

  결국 프랜차이즈 기획자에게 가장 중요한 역량은 진정성을 바탕으로 한 브랜드의 소통력이다.

/
눈꽃 위의 혁신: 설빙
/

어릴 적 우리 집에는 곰돌이 모양의 수동 빙수기가 있었다. 얼음을 넣고 손잡이를 돌리면 사각사각 갈린 얼음이 통 아래로 내려왔고, 그 위로 팥을 듬뿍 올리고 떡과 우유를 더했다. 빙수 한 그릇을 온 가족이 함께 먹으며 웃고 떠들었다. 한국 빙수 문화의 원형은 이런 모습이었다.

  설빙은 이런 한국적인 빙수 문화를 현대적으로 재해석한 브랜드다. 설빙은 "어떤 문화를 창조할 것인가?"라는 질문에서 출발하여 명확한 전략 실행으로 성공한 혁신적인 상품기획 사례라고 할 수 있다. 설빙의 오랜 고객으로서, 그리고 업계 관계자로서 살펴본 설빙의 전략 핵심은 다음과 같다.

첫째, 익숙한 것의 재해석

설빙을 처음 알게 된 건 '눈꽃빙수'라는 이름이 세간을 들썩이게 하던 시기였다. 평범한 빙수에 눈처럼 곱게 갈린 얼음이라는 차별점을 더하고, 인절미, 치즈케이크, 망고 등의 토핑을 더해 현대적 감성으로 재조합한 것이다. 혁신이란 반드시 완전히 새로운 것을 창조하는 것이 아니라, 기존의 가치와 요소를 새로운 맥락에서 재배치하는 것에서도 시작될 수 있다. 뻔한 빙수를 더욱 미세하게 갈아 '눈꽃'이라는 이름을 붙이자 완전히 다른 제품처럼 느껴진다.

설빙은 또한 계절성에 갇혀 있던 빙수의 한계를 극복하고 카페 공간 경험을 제공하며 빙수를 사계절 디저트로 확장했다. 많은 빙수 브랜드가 여름이 지나면 영업을 중단하는 데 비해, 설빙은 겨울에도 당당히 매장을 운영하며 메뉴를 꾸준히 발전시켰다.

둘째, 경험의 총체적 디자인

설빙은 브랜드 메시지를 구현하는 데에 매장을 적극적으로 활용했다. 베이지와 블랙 컬러가 주는 깨끗하고 부드러우며 고급스러운 느낌, 넓은 테이블 간격이 주는 여유로움, 곳곳에 배치된 눈꽃 모티프의 소품들까지, 공간의 모든 요소가 일관된 메시지를 전달한다. 특히 설빙은 2층 이상의 넓은 매장을 선호하는데, 이는 단순히 더 많은 고객을 수용하기 위함이 아니라 고객이 일상에서 벗어나 설빙만의 세계로 진입하는 경험을 제공하기 위함이었다고 한다. 넓은 공간은 고객이 서두르지 않고 여유롭게 디저트를 즐기며 대화할 수 있는 심리적 안정감도 제공한다. 공간 디자인은 브랜드가 고객과 나누는 '무언의 대화'인데, 설빙은 이를 세심하게 설계했다.

셋째, 디지털 시대에 맞는 비주얼 요소 개발

전통적인 TV 광고보다 SNS 친화적인 비주얼 커뮤니케이션에 집중하여, 제품 자체가 메시지를 전달하도록 설계한 것 역시 효과적인 전략이었다. '생딸기요거초코볼설빙'과 같은 메뉴는 완벽한 비율의 생딸기 배치, 하얀 우유 얼음과 선명한 딸기의 색감 대비, 미적으로 아름다운 단면 등 MZ 세대가 자발적으로 공유하고 싶은 요소들을 담고 있다. 이는 소비자를 단순한 수용자가 아닌 메시지의 확산자로 만들어 자발적인 팬덤을 형성하도록 한다. 오늘날 F&B 업계에서는 인스타그래머블$_{\text{Instagrammable}}$● 요소가 매출에 직접적인 영향을 미치는데, 설빙은 이러한 트렌드를 정확히 파악하고 활용했다.

● 인스타그램에 공유할만한 콘텐츠를 뜻함

넷째, 글로벌 진출 시 표준화와 현지화의 균형

설빙은 글로벌 진출의 좋은 예시가 되기도 한다. 눈꽃빙수라는 본질은 지키되, 해외 매장에서는 현지 고객 취향에 맞춰 공간과 메뉴를 조정했다. 해외 매장에서는 편안하고 고급스러운 분위기를 조성하면서도, 눈꽃 결정체 모티브를 곳곳에 배치해 설빙만의 아이덴티티를 강화했다. 현지 시장조사, 최적 식자재 발굴, 직원 교육 등 비즈니스 모델의 현지화에도 지속적으로 투자하며 K-디저트의 글로벌 확장 모델을 확립한 것이다.

설빙의 사례에서 배울 수 있는 가장 중요한 교훈은 상품기획이 단순한 제품 개발을 넘어 문화 창조의 영역으로 확장되어야 한다는 점이다. 오늘날의 소비자는 단순히 제품을 구매하는 것이 아니라, 브랜드가 대표하는 가치와 문화에 공감하고 동참한다. 설빙은 한국적인 것을 그대로 내세우는 것이 아니라, 시대에 맞게 감성을 입히고, 익숙한 것을 새롭게 재해석하며 대표 K-디저트로 자리매김했다.

/
공간으로 소통하라: 배스킨라빈스
/

오랜 기간 F&B 업계에서 일하며 나는 주로 식재료 중심의 제품이나 식사형 상품을 기획해 왔다. 그런 내게 디저트는 전혀 다른 감각을 요구했다. 식사는 에너지를 채우는 생존 수단이지만, 디저트는 감정을 채우는 작은 사치의 일탈이다. 비싼 식사는 망설여도, 디저트 앞에서는 지갑이 열린다. 젊은 세대에게 디저트는 '밥배'와 다른 '디저트배'로 소비되는 유희의 영역이다.

선택 경험과 감성 차별화

음료 프랜차이즈 자문을 하면서 나는 타사 제품들에도 많은 관심을 가지게 되었다. 디저트, 음료, 아이스크림의 다양한 프랜차이즈 사업을 분석하고 공부하면서 눈에 띄는 브랜드가 하나 있었다. 바로, 31가지 아이스크림으로 잘 알려진 '배스킨라빈스'

였다. 디저트라는 공통 카테고리 안에서, 배스킨라빈스는 어떤 방식으로 고객과 소통하고 있는지 궁금했다.

처음 방문한 매장은 100가지 아이스크림 슬로건으로 유명한 배스킨라빈스 서울 강남대로점이었다. 유리문을 여는 순간, 진열 냉장고를 가득 채운 색색깔의 아이스크림에 눈이 휘둥그레졌다.

"이걸 언제 다 먹어보지?"

옆에 있던 친구가 웃으며 말했다. 그 말이 농담처럼 들리지 않았다. 고르지 못해 망설이게 만드는 다양성은, 브랜드가 의도적으로 만든 혼란이었다. 고객들에게 단순히 '많은 맛'이 아니라, 시각적이고 감각적인 충격을 주려는 것이다.

매장은 형형색색의 달콤함으로 가득했고, 그 공간 안에 있는 것만으로 기분이 좋아졌다. 브랜드가 만들어낸 세계관 안에서 고객은 즐거운 방황을 경험하고 있었다.

직원에게 "가장 인기 있는 맛이 뭐예요?"라고 물으니, "'엄마는 외계인'과 '체리쥬빌레'가 제일 많이 팔려요. 그런데 아이스크림이 너무 다양해서 추천이 좀 어려워요"라며 웃었다. 그 말조차 브랜드가 설계한 전략으로 느껴졌다. 선택의 혼란은 매장 체류 시간을 늘리고, 고객의 참여를 유도한다. 이곳에서 아이스크림은 상품이 아니라 '선택 경험'이었다.

그다음 몇 주가 지나서 주말에 찾아간 또 다른 매장은 서울 삼청동의 삼청마당점이었다. 돌담을 따라 걷다가 기와지붕 아래 자리한 매장을 처음 봤을 때, 나는 내가 한옥 카페를 찾아온 것이 아닌가 하는 착각을 느꼈다. 매장 안으로 들어서자, 나무 창살 사이로 들어오는 햇빛과 고소한 와플 냄새가 공간을 가득 채웠다. "이건 그냥 아이스크림 가게가 아니네." 어느 외국인 고객이 감탄하며 사진을 찍으며 말했다. 나도 모르게 그 말에 고개를 끄덕였다.

메뉴 역시 '호떡 UFO'처럼 한국적인 정서가 담겼다. '호떡과 아이스크림의 조합이 어울릴까?'라는 의문은 메뉴를 한입 먹어 보자마자 바로 사라졌다. 따뜻한 호떡과 차가운 아이스크림이 어우러져 예상 밖의 조화를 만들어냈다. 매장이 한국적인 배경의 동네에 위치한 관광지라는 특성을 반영한 삼청마당점은, 외국인에게는 한국의 정취를, 한국인에게는 향수를 자극하는 방식으로 공간을 구성했다.

공간은 브랜드를 해석하는 또 다른 언어다. 같은 아이스크림도 '어디서 먹느냐'에 따라 고객이 받아들이는 정서가 달라진다. 삼청마당점은 단순한 디저트를 '서울의 골목에서 발견한 한국 감성'으로 전환시키는 데 성공했다.

배스킨라빈스의 매장 중 특히 가장 인상 깊었던 매장은 2022년 오픈한 서울 한남동 하이브 매장이었다. 이곳은 외관부터 범상치 않았다. '벌꿀'을 테마로 꾸며진 외관은 마치 고급 티룸처럼 느껴졌고, 문을 열자 진한 우드 향과 따뜻한 조명이 나를 맞았다. 직원에게 "여긴 특별 매장이에요?"라고 묻자, "네, 여기는 하이브 콘셉트 매장이에요. 유기농 아이스크림을 제공해요"라고 친절하게 설명해 주었다.

하이브 매장은 공간과 제품을 모두 고급화했다. 베스트셀러인 '베리베리 스트로베리'나 '민트 초콜릿 칩' 아이스크림을 유기농 인증을 받은 원료로 만들었다. 같은 상품의 원료를 차별화하는 전략은 고객이 익숙한 맛을 새롭게 경험하도록 하고, 프리미엄 공간의 가치를 다시 인식하게 한다.

한남동이라는 입지 자체도 고급화 전략과 맞물려 있었다. 젊은 크리에이터, 30대 프리랜서, 감성 중심 소비층이 모여드는 동네의 분위기에 맞춰 매장 전체가 하나의 컨셉 공간으로 운영되는 듯했다. 이곳에서 고객이 구매하는 것은 달콤함을 넘어선 라이프스타일이었다.

디저트가 선사하는 것

디저트의 세계는 무궁무진하다. 그 세계를 구성하는 건 메뉴가 아니라, 우리가 설계하는 '기분 좋은 순간'들이다. 이처럼 디저트는 단순한 제품이 아니라 감정의 매개체다. 이때 공간은 그 감정을 증폭시키는 무대다. 배스킨라빈스는 지역과 타깃에 따라 공간을 달리하고, 팝업 형태로 브랜드의 진부함을 해소하며, 고객에게 매번 새로운 감정선을 제안한다.

이 브랜드가 우리에게 말해주는 메시지는 명확하다. 익숙함을 새롭게 만들라. 고객의 기분을 설계하라. 공간으로 감정을 디자인하라. 이것이야말로 디저트 브랜드가 '공간으로 소통하는 방식'이고, 우리가 배워야 할 브랜딩의 핵심이다.

만약 내가 배스킨라빈스의 다음 매장을 기획한다면, 어떤 컨셉을 제안할 수 있을까? 계절을 테마로 한 매장은 어떨까. 벚꽃이 흩날리는 봄, 모래바람이 부는 여름 해변, 낙엽이 지는 가을, 눈이 내리는 겨울. 계절의 감성을 시각·미각·후각으로 모두 담은 공간은 어떨까? 고객이 맛을 사러 오는 것이 아니라, 계절의 조각을 경험하러 올 수 있도록 말이다.

/
팝업 스토어의 진화: 비비고
/

"스폰서십이 아니라, 브랜드 경험을 만들어야 합니다."

그 한 마디가 시작이었다. 비비고가 미국 NBA의 명문 구단 LA 레이커스를 공식 후원하게 되었을 때, 많은 사람은 유니폼에 로고를 붙이거나, 광고 영상 한편에 브랜드 이름이 나오는 정도를 떠올렸다. 하지만 우리 팀은 조금 다른 생각을 했다. '브랜드 철학이 느껴지는 경험', 그것이 프로젝트의 핵심이어야 했다.

글로벌 파트너쉽의 시작

비비고는 오랜 기간 PGA라는 미국 프로 골프를 통해 'THE CJ CUP'을 개최하면서 많은 소비자에게 스포츠를 통한 긍정적인 이미지를 만들어 왔다. 비비고 브랜드가 글로벌로 성장해 가면서 많은 회사가 스포츠 마케팅에 관심을 가져왔고, 특히나 미국에서 'THE CJ CUP'을 개최하면서는 글로벌한 스포츠 협회나 단체에서도 브랜드 마케팅 활동을 지켜보고 있었던 것이다. 때마침 미국을 넘어 글로벌 농구인들의 엄청난 팬덤을 가지고 있는 NBA는 그동안 LA 레이커스를 협찬하던 중국 업체 WISH와의 계약 기간이 만료되었음을 전했다. 더불어 한국의 음식을 글로벌화하려는 비비고의 노력을 지켜봐 왔기에 같이 협업하자는 제안이 있었다.

비비고는 한국에서는 가장 대표적인 한식 브랜드이지만 K-푸드의 대표로서 세계 속으로 더욱 확장해야 할 미션이 있었다. 당시 비비고 브랜드 그룹장이었던 나는 이번 기회가 그 어떤 파트너십보다 중요하고 의미 있을 것이란 생각을 했다. 비비고의 타깃은 더 이상 40대 주부만이 아니었다. 우리에겐 역동적인 스포츠와 퍼포먼스를 즐기는 젊은 세대, 보다 많은 남성 타깃, 그리고 한국 문화를 사랑하는 외국인까지 끌어들일 무대가 필요했다.

글로벌 랭귀지로 소통하다

캠페인 기획자가 시안을 들고 왔다. 농구, 한식, 그리고 스트리트 댄스를 함께 엮은 기획이었다. 처음엔 조금 낯설어 고민이 됐다. 세 가지가 한 프레임 안에 들어올 수 있을까?

고민 끝에 나는 세 요소 사이에 하나의 공통점을 포착했다. 푸드, 농구, 댄스 모두 말이 필요 없는 글로벌 랭귀지라는 것이었다. 세 요소는 전 세계 누구나 몸으로, 감각으로 말하고 이해하는 언어가 될 수 있었다. 그리고 바로 그 지점에서, 이 기획을 통해 브랜드가 전하고자 하는 가치가 말로 했을 때보다 강하게 전달될 수 있다는 확신이 들었다.

핵심을 간파하자 기획은 점점 구체화됐다. 성수동에 팝업 스토어를 만드는 것에 그치지 않고, 비비고가 지향하는 '글로벌 K-푸드' 브랜드로서의 철학을 어떻게 전달할 것인가를 고민하기 시작했다.

캠페인 팀은 농구장을 그대로 옮긴 듯한 공간을 기획했다. 성수동의 한복판에 NBA 선수들의 실물 크기 피규어를 전시하고, 진짜 농구 골대를 설치했다. 푸드 브랜드가 농구 골대를 들여놓는다는 것에 당시엔 사내에서도 고개를 갸웃하는 사람들이 많았다. 그러나 우리가 의도한 것은 그 이질감이었다.

외국인 관광객들은 피규어 앞에서 사진을 찍었고, 농구 팬들은 골대 앞에서 농구공을 던지며 놀았다. 해시태그와 함께 SNS에 올라오는 게시물은 빠르게 퍼졌고, 자연스럽게 비비고의 새로운 이미지가 전파되었다.

하이라이트는 콘텐츠 확장이었다. 당시 엄청난 인기를 끌던 방송인 〈스트릿 우먼 파이터〉의 댄서들과 콜라보하여 현장에서 퍼포먼스를 진행했다. NBA 유니폼을 입은 댄서, 그리고 K-

푸드 비비고가 함께 등장하는 영상은 유튜브에서 천만 조회수를 돌파하며 뜨거운 반응을 얻었다. (지금은 1900만 조회수를 돌파했다.)

"이게 한국의 브랜딩이구나."
"농구를 이렇게 맛있게 풀어낸 콘텐츠는 처음이야."

댓글엔 비비고가 수없이 언급되었다. 현장의 감각과 문화가 자연스럽게 영상으로 확장되고, 브랜드의 존재가 콘텐츠 속에서 살아 움직였던 것이다.

이 프로젝트는 스포츠마케팅, 브랜드 경험팀의 헌신적인 노력 없이는 불가능했다. 그들은 NBA와의 계약 실무, 선수 관련 저작권과 비주얼 설계, 국제 스폰서십 전략을 면밀히 조율했고, 당시 비비고 브랜드 그룹장이었던 나는 브랜드 철학이 콘텐츠에 잘 녹아들 수 있도록 스토리텔링과 현장 경험 기획에 집중했다. 우리는 서로의 영역을 넘지 않으면서도, 하나의 브랜드 경험을 향해 함께 나아갔다.

K-푸드가 전 세계로 뻗어나간 건 단순히 맛이 좋아서만은 아니다. 음식 안에 한국의 문화, 감성, 그리고 철학을 함께 담았기 때문이다. 농구장에서 펼쳐진 댄스 퍼포먼스, 그리고 푸드트럭 속에서 잘 구워진 만두. 바로 그 장면이 K-컬처의 새로운 얼굴이었다.

팝업 스토어는 제품을 팔기 위해 만드는 공간이 아니다. 브랜드가 지향하는 방향을 오감으로 체험하게 하는 장소다. 온라인에서 줄 수 없는 감각, 음식을 넘어선 콘텐츠로 확장된 문화적 여운, 그리고 브랜드를 넘는 감동을 만나는 곳이다.

그날, 피규어 앞에서 사진을 찍던 한 중국인 관광객이 만두를 한입 베어 물며 했던 말이 아직도 기억난다.

"This is crazy!(너무 맛있다!)"

그 웃음 속에 비비고의 글로벌 성공이 담겨 있다.

/
브랜드와 놀다: 하이네켄 익스피리언스
/

유럽 여행 중, 나는 브랜드 경험 공간을 열심히 찾아다녔다. 국내에서 하는 팝업 스토어도 많이 가봤지만 유럽인들은 어떻게 브랜드를 경험하고 소통하고 있는지 궁금했다. 유럽의 절경도 흥미롭지만 직접 체험하는 것이 보다 깊은 여행지의 추억으로 기억되기 때문에, 글로벌 시장을 노리는 기획자라면 해외 브랜드 경험을 많이 해보기를 추천한다.

하이네켄과 놀다
유럽 여행에서 가장 인상 깊었던 곳을 꼽으라면 단연 암스테르담의 하이네켄 익스피리언스다. 박물관이라고 하기에는 유쾌하고, 전시장이라고 하기에는 역동적인 그곳은 브랜드와 고객이 함께 노는 공간이었다.

건물 외벽에서부터 브랜드의 정체성이 선명했다. 초록색으로 칠해진 건물과 강렬한 하이네켄 로고는 멀리서도 시선을 끌었다. 건물 외벽에서부터 맥주의 청량감과 브랜드의 에너지를 동시에 보여주고 있는 것이다. 최근 다양한 브랜드들의 플래그십 스토어를 보면 외관부터 눈길을 끈다. 제품 모양이나 대표 컬러로 건물 전체를 감싸 한눈에 봐도 어떤 브랜드의 공간인지 알 수 있다. 화려한 외관은 사람들의 눈길과 발길을 사로잡을 뿐만 아니라, 공간으로 직접 들어가서 보고 느끼고 싶은 호기심을 이끌어낸다.

건물에 들어서자마자 직원이 웃으며 말했다.

"지금부터 하이네켄과 함께 놀 준비되셨나요?"

박물관에서 '논다'는 표현은 처음이었기에 기대감이 피어올랐다. 몇 걸음 걷자마자 직원의 말이 곧바로 이해가 됐다. 이곳은 정말 브랜드와 함께 '노는' 공간이었다.

과거의 맥주병 디자인, 고전 광고, 글로벌 캠페인 영상이 전시된 공간을 지나면, 오래된 양조 시설이 복원된 구간이 나온다. 투박한 철제 배관과 거대한 발효 탱크, 곡물의 냄새가 가득한 공기 속에 하이네켄의 전통과 기술이 살아 있었다. 직원이 건네준 작은 샘플 컵에는 맥주 원액인 워트$_{wort}$가 담겨 있었다. 아직 발효 전이라 단맛이 났다. "진짜 맥주가 되려면 시간이 좀 더 걸려요"라는 설명이 덧붙었다. 손으로 만지고, 코로 냄새를 맡고, 입으로 맛보는 감각의 흐름은 브랜드를 '배운다'기보다 '몸으로 체득한다'는 느낌을 줬다.

　이층, 삼층에는 축구 게임, 자전거 타기 등 놀이 요소가 가득한 체험존이 기다리고 있었다. 나는 자전거 페달을 밟으며 화면 속 병맥주를 배달하는 게임을 했다. 페달을 빠르게 밟을수록 배달 성공률이 높아지고, 점수가 올라간다. 게임 속에서도 '빠르게, 시원하게'라는 하이네켄의 메시지가 담겨 있었다.

　친구들과 팀을 나누어 게임을 하다 보면 자연스럽게 브랜드 로고를 마주하게 된다. 활동 중에 찍은 체험 사진이나 영상을 확인해 보면 어느새 내가 브랜드의 일부처럼 녹아 있는 것을 볼 수 있다.

　브랜드를 보는 것이 아니라, 브랜드와 함께 논다는 느낌. 이런 느낌은 전시만으로는 소비자에게 경험하게 하기 어려운 몰입이다.

　전시장을 지나쳐 좁은 복도를 따라가면 전시의 하이라이트가 나온다. 복도를 따라 줄을 서면 문이 닫히고 곧 조명이 꺼진다. 동시에 천장과 벽면 전체에서 화려한 영상이 펼쳐진다. 맥주병이 쏟아지고, 금빛 액체가 흐르며, 거품이 하늘에서 내려온다. 내가 맥주 안으로 뛰어든 듯한 기분이었다. 영상은 4D 효과를 통해 공기와 진동까지 전달한다. 마치 놀이공원 어트랙션을 타는 듯한 체험이었다.

영상이 끝나고 문이 열리면, 화려한 바 공간으로 들어서게 된다. 바에서 기다리고 있던 직원들이 웃으며 하이네켄 생맥주를 한 잔씩 따라준다. "Welcome, enjoy your beer!(환영합니다, 당신만을 위한 맥주를 즐기세요!)" 보는 즐거움에서 마시는 즐거움으로 확장되는 순간이다. 일반 시판 맥주와는 다른 신선함이 입안에 퍼지고, 사람들은 서로 웃으며 잔을 부딪힌다. 어떤 사람은 맥주잔을 치켜들며 사진을 찍고, 어떤 커플은 포토부스 앞에서 입을 맞춘다. 지금의 흥분되고 즐거운 감정과 제품이 하나로 연결되는 순간이다. 하이네켄이 다양한 광고와 캠페인에서 소비자들에게 그토록 전하고 싶던 것이 바로 이 느낌이리라.

오감으로 느끼는 브랜드의 세계

일본의 닛신 박물관과 마찬가지로 하이네켄 익스피리언스는 정보 전달을 목적으로 하지 않는다. 전시물을 보여주는 대신 브랜드의 세계를 오감으로 설계해 경험하게 한다. 인터랙티브 게임, 몰입형 영상, 맞춤형 기념품까지. 고객이 느끼고, 움직이고, 반응하게 만드는 브랜드 공간의 진화형이다.

나는 마지막으로 방문한 기념품 숍에서 작은 유리 맥주잔을 하나 구입했다. 그 잔으로 집에서 맥주를 따라 마실 때마다, 그날의 초록빛 공간과 웃음소리, 바삭한 맥아 냄새가 자연스럽게 떠오른다.

그곳을 나서며 '맥주 박물관을 봤다'고 말하는 사람은 없다. 모두가 '하이네켄과 놀았다'고 말한다. 그리고 그 기억은, 브랜드에 대한 감정으로 오래 남는다. 이처럼 브랜드는 말이 아니라, 기억될 감정으로 설계되어야 한다. 그게 진짜 브랜드 경험이다.

/
인물로 소통하라: 하코야
/

비비고를 시장에 성공적으로 안착시킨 이후, 나는 다음으로 작지만 강한 브랜드를 성공시키는 데에 도전하고 싶었다. 비비고가 대중적인 맛과 가격으로 거대한 시장을 만들고, 식탁의 변화를 꿈꾸게 했다면, 이번엔 작지만 마니아들의 기억 속에 오래 남는 브랜드를 만들어보고 싶었던 것이다. 그 브랜드가 바로 일식 전문 브랜드 하코야였다.

유명세보다 중요한 것
하코야는 이미 소바, 우동, 꼬치, 어묵 등 다양한 일식 메뉴를 선보이고 있었다. 하지만 브랜드의 얼굴이 없었다. HMR 시장에서 하코야를 기억하게 하려면, 제품의 정체성과 함께 고객과 감정적으로 연결되는 모델이 필요했다. 말하자면, 브랜드와 스토리를 함께 체화할 수 있는 사람을 찾아야 했다.

마케팅팀에서는 인스타그램을 중심으로 활동하는 일식 전문 인플루언서를 섭외해 심플하면서 감각적인 SNS 콘텐츠를 운영했다. 검은 앞치마를 두르고 소바를 삶는 남성 이미지, 숯불 앞에서 꼬치를 굽는 클로즈업 컷 이미지. 컨텐츠는 감성적이었지만 소비자의 입장에선 왠지 닿을 수 없는 거리감이 있었다. F&B 상품은 보기 좋을 뿐만 아니라, 먹고 싶게 만들어야 한다.

고민 끝에 선택한 모델은 가수 강남이었다. 일본 출생이라는 이력, 개구쟁이 같은 친근함, 가족을 사랑하는 이미지는 하코야가 전하고 싶은 편안한 이미지와 비슷했다. 무엇보다 일본 음식을 먹는 장면이 자연스러운 사람이라는 점이 결정적이었다. 다른 모델 후보로는 아이돌 그룹도 있었고, 먹방 유튜버도 물망에 올랐다. 모두 인지도 면에서는 탁월했지만, 우리는 브랜드와 감정적으로 연결될 수 있는 사람, 진정성이 있는 사람이 필요했다.

광고 모델 선정 과정은 쉽지 않았다. 그동안 하코야가 보여주던 감성과는 차이가 있는, 비교적 예능 이미지가 강한 강남을 선택한다는 결정은 회의실 안에서 여러 번 되묻고 검토되어야 했다. 하지만 나는 확신이 있었다. 하코야가 전달하고자 하는 일본 음식의 섬세함, 여운, 그리고 감성적 미감을 표현하기 위해서는 화제성보다 맥락이 더 중요했고, 그는 단순히 잘 먹는 사람이 아니라, 하코야가 선보이고자 하는 음식들과 실제로 삶이 연결된

인물이었기 때문이다.

결국 강남을 모델로 선정하게 되었고, 우리는 빠르게 그와 함께할 시즌 콘텐츠 캠페인을 기획했다. 유튜브 콘텐츠 촬영 현장은 광고 촬영장이 아닌 예능 프로그램처럼 흘러갔다. 큰 트럭을 빌려 간이 수영장을 설치하고, 강남은 그 안에서 튜브를 타며 천진난만하게 물놀이를 했다. 한참 물놀이를 즐긴 그에게 물 위로 배달된 건 바로, '살얼음 동동 메밀소바'였다. 이 제품은 하코야의 대표 메뉴로, 시원한 여름철 일본 감성을 가장 잘 담아낸 상품이다. 물놀이 후 즐기는 메밀소바는 강남의 천진난만한 이미지와도, 브랜드가 전하고 싶은 계절 정서와도 찰떡같이 어울렸다.

촬영 중 강남은 스스로를 "저는 메밀에 좀 시끄러워요"라고 소개해 현장을 웃음바다로 만들었다. 원래는 '메밀에 예민하고 취향이 까다롭다'는 의미였지만, 일본에서 살았던 그가 선택한 단어는 예상 밖이었다. '시끄럽다'는 어색하고 솔직한 표현은 오히려 강남이 메밀을 얼마나 진심으로 좋아하는지, 그가 제품과 얼마나 자연스럽게 연결되는지를 더 분명하게 보여주는 장면이 되었다. 그는 오랫동안 일본 전 지역의 메밀을 먹어 왔다고 했다.

그는 "아, 이거지!"라고 외치며 얼음이 둥둥 떠있는 메밀소바를 맛있게 먹었다. 그 모습에는 어떤 연기도, 광고적 연출도 없었다. 그가 그 음식을 좋아하고, 시원한 순간을 즐기는 모습이 화면 속에 자연스럽게 드러났다. 그리고 결과는 영업의 적극적인 프로모션의 힘과 더불어 여름 시즌 전년비 메밀 소바 매출 2배 상승이라는 의미 있는 반응으로 돌아왔다. 이 프로젝트는 제품 중심 광고가 아니라, 제품과 사람의 맥락을 강조한 광고 기획 사례였다.

모델과 브랜드를 자연스럽게 연결하라

작은 브랜드일수록, 모델을 고를 때 진심이 중요하다. 흔히 브랜드 모델을 선정할 때는 잘생기고 유명한 인물을 먼저 떠올리기 쉽다. 그러나 진짜 효과적인 모델은 유명한 사람이 아니라, 브랜드와 감정적으로 연결될 수 있는 사람이다. 제품에 대한 기억이나 취향, 혹은 삶의 일부분이 브랜드와 겹치는 맥락이 있는 사람이어야 한다. 그래야 자연스러우면서 진정성이 느껴지는 광고가 탄생한다.

억지로 연출된 장면이 아니라, 실제로 좋아하고, 먹고, 기억하는 사람이 전하는 브랜드 메시지는 소비자에게 더욱 깊고 오래 남는다. 브랜드는 작은 진심의 축적으로 기억되는 것이고, 연결된 감정의 총합이 곧 브랜드의 에너지다.

모델과 브랜드가 자연스럽게 연결되려면, 단지 이미지가 아니라 스토리가 있어야 한다. 강남이 일본 전역을 다니며 소바를 좋아했던 기억처럼 브랜드는 그 스토리를 빌려 쓰는 것이 아니라, 함께 겪은 경험을 나누어야 한다. 그럴 때 콘텐츠는 자발적으로 퍼져 나간다.

특히 하코야는 한 번 경험한 사람의 기억에 오래 남는 브랜드를 지향했다. 그런 브랜드일수록 맥락 있는 이야기, 진정성 있는 얼굴이 중요하다.

지금도 유튜브에서 그때의 물놀이 콘텐츠를 보면, 나도 모르게 미소가 지어진다. 자연스럽게 웃고 즐기는 한 사람의 모습, 살얼음이 동동 뜬 시원한 메밀 소바 한 그릇. 그 안에 브랜드가 들어있다. 내가 그때의 촬영 현장을 즐겁게 기억하는 것처럼, 이 영상을 본 소비자들 역시 함께 웃고 즐겼다고 기억할 것이라고 믿는다.

/
기억되는 장면 하나만 있어도: 행복한콩 두부
/

'두부'하면 떠오르는 브랜드는 단연 P사였다. 두부같이 음식의 기본이 되는 식재료 시장은 안정적이지만 변화가 적은 시장이었고, 이미 강자가 있기 때문에 새롭게 진입하기 쉽지 않다. 그럼에도 나는 이 치열한 시장에 균열을 내고 싶었다. 1등 브랜드와 싸워 이기는 것은 마케터의 로망이자 실력을 검증할 수 있는 기회이기 때문이다.

두부에서 가장 중요한 것은?

어릴 적, 엄마가 신문지에 싸서 가지고 오던 동네 두부는 물컹하고 밍밍했다. 나는 그때 경험한 두부의 심심한 맛을 별로 좋아하지 않았고, 자라면서도 두부에 대한 생각이 크게 바뀌지 않았다. 내가 두부에 대해 다시 생각하게 된 건 서른 즈음, SOY(콩) 팀에서 두부, 콩나물, 낫토 등의 상품기획자가 되면서였다.

내가 '심심하다'고 평가했던 두부는 장점이 많은 재료였다. 여성 호르몬에 좋고, 다이어트 식단에도 적합하며, 무엇보다 건강한 맛의 상징이었다. 두부에 대해 알아갈수록 두부를 좋아하게 됐다. 내가 두부를 진심으로 사랑하게 된 것은 아마도 그 시기 즈음이었을 것이다.

제품 개발을 위해 전국의 두부 맛집을 누볐다. 예술의 전당 옆 '백년옥'은 주로 공연을 보러 온 관객들과 우면산 등산객들이 찾는 곳으로, 고소한 순두부와 깔끔한 비지찌개가 일품이었다. 담백한 맛뿐 아니라 공간이 주는 정취까지 두부의 이미지와 잘 어우러졌다. 백년옥의 두부 요리 맛은 내가 두부의 '기본'을 다시 생각하게 만든 출발점이었다.

두 번째는 양평의 '기와집순두부'였다. 전통 기와집 형태의 외관과 마루, 방이 나뉜 구조는 도심에서 느낄 수 없는 여유와 따뜻함을 전했다. 부드러운 순두부에 양념간장을 얹어 먹으면 입 안 가득 건강한 기운이 퍼졌다. 계산대 옆에서 비지를 봉지에 담아 가는 손님들은 어릴 적 먹던 콩비지 얘기를 하며 서로 추억을 나누곤 했다. 그 광경에서 나는 두부는 특별한 추억이 담긴 음식임을 깨달았다. 진정한 두부는 콩, 물, 간수 세 가지로만 만든다는 주인의 말이 깊게 남았다.

세 번째로는 강릉의 초당두부촌을 찾았다. 바닷가 주변을 둘

러싼 초당두부 마을의 다양한 두부집들은 콩 하나로 얼마나 다채로운 요리가 가능한지 보여줬다. 순두부, 모두부, 부침두부, 비지찌개, 청국장까지. 특히 몽글몽글한 순두부에 간장을 조금씩 더해가며 맛을 조절하는 경험은 두부가 밥반찬에서 벗어나 '식탁의 조연이 아니라 주연'이라는 깨달음을 안겨줬다.

나는 현장 경험을 통해 한 가지 확신을 얻었다. '두부가 진짜 두부일 수 있으려면, 콩 그 자체의 힘만으로도 맛이 있어야 한다.'

두부 시장에 균열을 내다

당시 두부 시장은 '찌개용'과 '부침용'으로 양분되어 있었다. 조리를 전제로 만들어진 이 범주 안에서 '그냥 먹는 두부', 즉 생식이 가능한 두부는 없었다. 몸에도 좋고 식탁의 주인공이 될 수 있는 두부를 왜 그대로 먹을 수는 없을까? 그 질문이 새로운 문제 정의로 떠올랐다.

나는 시장에 새로운 카테고리를 제안하고 싶었다. 그렇게 해서 탄생한 제품이 바로 '행복한콩 생식용 두부'다. 두부 가공 과정에서 흔히 쓰이는 소포제나 유화 응고제를 사용하지 않고, 두부 그 자체로 먹을 수 있는 순수함을 담은 제품을 출시했다. 오리엔탈 드레싱을 동봉해 작고 간편하게 즐길 수 있는 실용성을 가진 제품을 기획하고, 나는 이 제품에 '모닝두부'라는 이름을 붙였다. 아침에 한 모 먹고 출근하면 몸이 가볍고 머리도 맑아진다는 의미였다. 지금도 매장에 가보면 한쪽에 진열된 제품을 찾아볼 수 있다. 이십 년간 시장에 살아있는 제품이라서, 내겐 참으로 기특한 제품이다.

특히 이 제품은 두부 시장에 생식이라는 새로운 소비 습관을 열었다는 점에서 의미가 크다. 건강을 챙기면서도 간편한 식사를 원하는 소비자의 니즈를 정확히 겨냥한 전략이었다.

2005년 당시, 행복한콩 브랜드가 자리 잡아갈 무렵, 우리 팀은 과감한 광고 캠페인을 기획했다. 밝고 유쾌한 이미지의 김원희 씨와, 맑고 순수한 에너지를 가진 어린 박민하 양이 이모와 조카로 나오는 광고였다. 광고 내용은 이렇다. 요가를 열심히 하고 있는 이모, 그녀를 계속 부르는 조카. 불러도 불러도 대답 없는 이모를 향해 급기야 어린 조카가 "김원희 씨!"라고 외치는 광고 속 대사는 미소를 자아내는 유머였다.

이 광고가 과감했던 이유는 이모와 조카가 같이 요가를 마치고 난 마지막 장면에 나온다. 두부를 먹고 용기에 들어있는 물까지 마시는 설정은 내부 회의에서 가장 뜨거운 논쟁을 불러왔다.

"국물까지 마시는 건 너무 과한 설정 아닌가요?"

그러나 브랜드 팀은 완강했다.

"이 제품의 진정성을 보여줘야 해요."

우리는 그 장면이 제품의 순수함을 증명하는 가장 명료하고 강력한 장면이라고 믿었다.

역시나 광고가 방영된 후 반응은 폭발적이었다. 공장에는 "정말 물까지 마셔도 되나요?"라는 문의가 쇄도했고, 우리는 이를 제품의 차별성과 신뢰로 승화시켰다. 공장 견학 프로그램을 만들어 제조 과정을 자신 있게 보여준 것이다. 행복한콩의 두부가 콩, 물, 간수 외에는 아무것도 넣지 않았다는 브랜드 스토리는 순식간에 퍼져 나갔다.

이 사례는 광고를 만들 때 '정보 전달'보다 '기억되는 장면'을 만드는 것이 얼마나 중요한지를 일깨워 준다. 평범한 광고로는 1등 브랜드와의 경쟁에서 살아남을 수 없었다. 우리는 제품 철학을 파격적으로 선보였고, 그 결과, 당시 타 브랜드가 독점하다시피 한 두부 시장에 신규 브랜드가 진입해서 시장점유율MS, Market share 20% 돌파라는 실적을 만듦과 동시에 브랜드에 새로운 생명력을 불어넣었다.

광고에는 소비자의 기억에 각인될 강렬한 한 장면이 필요하다. 그 장면은 제품의 본질과 철학을 담아내야 하며, 때로는 통념을 깨는 파격이 필요하다. 제품이 진정성을 가질 때, 그 진정성을 증명하는 결정적 장면 하나가 소비자의 마음을 사로잡는다. 우리의 행복한콩 두부 광고가 그 증거였다.

/
영화같은 감성을 담다: 가쓰오 우동
/

"가쓰오~ 우동~"

일본 여인의 독특한 억양이 귓가에 맴도는 순간, 우리는 모두 같은 장면을 떠올린다. 덜컹이는 기차 안, 창밖으로 펼쳐지는 하얀 설경, 그리고 애절한 눈빛의 강동원. 그 광고가 방영된 후, 대한민국의 겨울은 '가쓰오 우동'의 계절이 되었다.

2010년, 나는 면 사업 팀장으로 발령받았다. 우동, 냉면, 국수까지 계절의 변화에 맞춰 움직이는 면 제품들을 책임지게 된 것이다. 면 사업은 마치 자연의 이치를 따르는 것과 같았다. 짚신 장수, 우산 장수처럼 더울 때는 냉면을, 추울 때는 우동을 팔아야 했다.

"오늘 아침 기온이 영하 10도네요. 우동 판매량 20% 증가 예상됩니다."

매일 아침 날씨 예보를 확인하며 그날의 매출을 예측했다. 폭설, 한파, 소나기, 폭염 이런 단어들이 우리의 매출과 수익을 좌우했다. 냉면 제품의 경우 통상 4월부터 제품이 매장에 입점을 시작했는데, 그 해의 첫 번째 할인 매대를 어떤 브랜드가 선점하느냐가 한 해의 승패를 가르기도 했다.

한국의 식문화에서는 겨울에는 뜨끈한 국물 요리가, 여름에는 시원한 냉면이 정답처럼 여겨져 왔다. 그 중간의 계절에는 스파게티, 쫄면, 비빔면처럼 적당히 달달하고 매콤하면서 국물이 없는 제품들이 인기를 끌었다. 우리나라 사람들의 뜨거운 국물 사랑 덕분에 우동의 계절은 냉면보다 길었다. 4월부터 시작해 8월이면 끝나는 냉면 시즌과 달리, 우동은 좀 더 여유롭게 다각도의 마케팅을 준비할 수 있다.

느낌을 이미지로 바꾸는 방법

광고 기법에는 크게 두 가지 접근법이 있다. 하나는 제품의 특징을 직접적으로 강조하는 것으로, 주로 신제품 출시 때 활용된다. 다른 하나는 브랜드 이미지를 형상화하고 스토리 안에서 제품을 자연스럽게 녹여내는 방식이다.

"우리는 우동을 팔지만, 실제로는 겨울날의 따뜻함과 위로를 판매할 거예요."

가쓰오 우동은 두 번째 접근법을 택했다. 겨울, 사랑, 그리움,

따뜻함과 같은 감정을 우동이라는 제품과 연결시켰다. 이런 감성 마케팅은 소비자들에게 맛있는 우동 이상의 경험과 기억을 선사하며, 브랜드와의 감정적 유대를 형성한다.

가쓰오 우동의 첫 광고는 배우 강동원이 일본의 기차 안에서 펼치는 애절한 사랑 이야기였다. 잘생긴 배우로 손꼽히는 강동원의 우수에 찬 눈빛, 일본의 설경, 그리고 한 여인이 등장하는 이 광고는 계절과 제품의 이미지를 완벽하게 조화시켰다.

광고 속 일본 여인이 가지런히 두 손으로 우동이 담긴 쟁반을 받치고 외치는 "가쓰오~ 우동~"이라는 특유의 일본식 억양은 광고를 본 사람들에게 강렬한 인상을 남겼다. 광고가 나간 이후 제품은 불티나게 팔렸고, CJ제일제당의 면 사업에도 새로운 돌파구가 뚫렸다.

정체성을 확립하는 두 번째 광고

첫 번째 광고의 성공 이후, 우리 팀은 가쓰오 우동만의 정체성을 더욱 확고히 하면서도 애절한 분위기를 이어갈 두 번째 광고를 기획했다. 제품의 전략을 완벽하게 구현해 줄 배우로 주진모를 선택했다. 당시 영화 흥행으로 인기가 높았던 그의 남성적인 이미지는 여성 소비자들에게 강하게 어필했고, 눈빛 하나만으로 서사를 만들어낼 수 있었다.

"주진모 씨의 눈빛은 더 애절하게, 그리고 우동 그릇은 조금 더 가까이 보여주세요."

광고 제작은 복잡한 과정으로 이루어진다. 전략 수립부터 대행사 선정, 여러 시안 검토, 스토리보드 확정까지 각 단계마다 세심한 결정이 필요했다. 광고 기획자AE, Account Executive의 전략적 접근이 맞는지, 크리에이티브 디렉터의 역량은 충분한지, 수많은 회의와 의견 교환을 거쳐 최종 방향을 잡아갔다.

최종 미팅에서는 스토리보드, 모델, 의상, 촬영 장소, 소품까지 모든 세부 사항을 확정했다. 나는 제품 관련 디테일에는 끝없이 까다로웠지만, 영상의 미장센을 만드는 요소들은 감독의 전문성을 존중하며 맡겼다.

광고 속 여성 배우의 의상 색상에도 많은 고민이 들어갔다. 눈 내리는 배경에서 어떤 색상이 가장 돋보일지 고민한 끝에 카멜 컬러의 롱 코트를 선택했다. 따뜻하면서도 부드러운 이미지가 눈의 차가움과 극적인 대비를 이루었다.

배경음악 역시 결정적인 역할을 했다. 어느 감독이 말했듯이, 우리가 영화를 보며 눈물을 흘리는 순간은 내용보다 음악 때문인 경우가 많다. 클라이맥스에 울려 퍼지는 애절한 선율은 시청자들의 감정을 순식간에 사로잡기 때문이다. 지금도 이 광고의 음악을 들으면 남녀 간의 사랑을 매개하는 가쓰오 우동의 모습이 생생하게 떠오른다.

1등 제품의 브랜딩을 강화하고 시장에서 독점적 지위를 공고

브랜드 스토리텔링 구성 시트

브랜드 스토리를 다음 항목에 따라 구성해 보세요.

등장인물(주인공)	누구의 이야기인가? 소비자 or 브랜드 창립자
배경/상황	어떤 문제, 시대, 감정에서 출발하는가?
전환점	어떤 계기로 제품이 등장하는가?
메시지	무엇을 전달하고 싶은가?
장면화 아이디어	패키지/광고/공간 등에 어떻게 표현할 것인가?

히 하기 위해서는, 기능적 우수성보다 감성적 연결이 더 중요할 때가 많다. 소비자들은 이성보다 감성에 의해 구매 결정을 내리기 때문이다.

가쓰오 우동의 광고는 그저 제품을 홍보하는 것을 넘어, 한국인의 겨울 기억 속에 따뜻함 한 그릇을 남겨놓았다. 눈 내리는 날이면 여전히 사람들은 가쓰오 우동을 떠올리고, 광고 속 주인공들의 애절한 사랑 이야기를 기억한다.

그해의 겨울은 유독 따뜻했다. 아마도 가쓰오 우동이 들려준 이야기 덕분이었을 것이다.

/
가장 한국적인 이미지로: 윤스테이와 비비고 만두
/

tvN 예능 프로그램 〈윤스테이〉의 시나리오를 처음 받았을 때, 나는 망설였다. 전작인 〈윤식당〉이 큰 사랑을 받았지만, 후속작이 과연 그 명성을 이어갈 수 있을까? 세월이 흘러도 라이프스타일이 궁금한 여배우가 운영하는 식당이라는 낯선 설정으로 대중의 마음을 흔들었던 첫 작품처럼, 〈윤스테이〉도 그런 마법을 부릴 수 있을까?

그러나 창작의 무한한 가능성을 마주하며 깨달았다. 창의적인 아이디어를 소비자와 연결하는 것 또한 또 하나의 마케팅이 될 수도 있다는 것. 나는 비비고 브랜드 그룹장으로서 새로운 예능의 성공이 우리에게 어떤 기회를 열어줄지 고민했다.

브랜드 콘텐츠를 만들 때 해야 하는 고민

당시 나는 비비고의 모델이었던 박서준 배우가 등장하는 모든 콘텐츠에 촉각을 곤두세우고 있었다. 배우의 진정성 있는 활동이 브랜드와 자연스럽게 연결될 때 마케팅 효과가 더 극대화되는 것을 이미 여러 번 경험했기 때문이다. 그래서인지 담당하는 브랜드의 모델이 출연하는 예능은 보다 세심하게 관찰하게 된다. 박서준이 등장하는 예능 〈윤스테이〉의 협찬 제안서를 살펴볼수록 나는 그 가능성이 손에 잡힐 듯 느껴졌다.

2021년 1월, 코로나로 해외 촬영이 불가능해진 상황 속에서 프로그램은 전남 구례의 고택 쌍산재에서 진행되었다. 프로그램에는 윤여정, 박서준, 이서진, 최우식, 정유미 등의 배우들이 출연했다. 윤식당과 비슷한 출연진이지만, 고택이라는 새로운 배경은 한국의 미감을 더욱 진하게 담아낼 수 있는 완벽한 무대였다.

나는 해외여행을 가면 늘 그곳과 비슷한 한국의 지역을 생각하곤 했다. 캐나다의 CN타워를 보며 남산타워가 떠오르고, 영국의 템스강을 바라보며 한강을 그리워했다. 한국의 아름다움은 언제나 세계와 통할 자격이 있다고 믿었다.

비비고가 글로벌을 지향하고 있지만, 가장 한국적인 것이 가장 세계적이라는 말처럼, 한국의 아름다움이 가득 담긴 고택이 오히려 글로벌 식품 브랜드라는 이미지를 더 잘 보여줄 수 있을 것 같았다.

이제, 필요한 것은 단 하나, 예능을 통해 비비고 제품을 연결하는 자연스러운 마케팅 설계였다. 전남 구례의 촬영장에서 만들어진 예능 속 한식 제품들이 매끄러운 맥락 속에서 소비자들에게 전달되는 것이 중요했다.

윤여정은 시간이 지날수록 존재감이 더 짙어지는 인물이었다. 그녀의 연기에는 한국적 삶의 결이 고스란히 묻어났고, 그런 인물이 한식을 소개하는 화면은 브랜드에 특별한 의미를 더할 것이었다. 박서준은 음식을 좋아했고, 글로벌 한류의 흐름 속에서 브랜드와의 시너지를 극대화할 인물이었다. 최우식은 영화 〈기생충〉의 성공으로 세계의 주목을 받았으며, 〈윤스테이〉에서 보여줄 다정하고 유연한 태도는 브랜드 이미지와 완벽하게 맞아떨어졌다.

나는 〈윤스테이〉에 새롭게 출시한 '비비고 수제만두'를 협찬하기로 결정했다. 〈윤식당〉은 잘 튀겨진 팝만두가 메인 메뉴였다면, 이번에는 만둣국으로 정면 승부를 걸고자 했다. 사골 육수에 정성이 담긴 큼직한 수제 만두는 만두가 '한 끼의 진심'으로 느껴지게 할 수 있을 것이었다. 방영 시기가 설 명절과 맞물리는 점도 전략적으로 완벽했다.

비비고는 왕교자로 이미 대중적 성공을 거둔 브랜드다. 하지만 1등 제품의 진짜 과제는 자기 자신을 뛰어넘는 것이다. 우리는 수제 만두라는 새로운 카테고리를 제안했고, 베스트셀러이자 스테디셀러인 왕교자보다 육즙을 보강하고 정갈한 장인의 손맛이 느껴지는 프리미엄 제품으로 포지셔닝했다. 〈윤스테이〉는 수제 만두를 소개하기에 더할 나위 없는 무대였다.

방송에서 박서준은 그릇에 만두를 담고, 맑은 육수를 준비하며, 정성껏 고명을 올렸다. 지단과 파를 얹은 만둣국은 화면에서 마치 예술 작품처럼 보였다. "이건 광고가 아니라 다큐멘터리"라는 반응이 나올 만큼 자연스러웠다. 실제로 촬영 당시, 스태프들은 만둣국을 맛보며 연신 감탄했다고 했다.

"이건 그냥 만두가 아니에요. 제대로 식사하는 느낌이에요."

한 스태프의 말 한마디가 전략의 방향성이 옳았음을 다시 한번 확인시켜 주었다. 만두의 본질을 되찾는 것. 그것이 우리가 갈 길이었다.

최우식은 잘 만든 만둣국을 외국인 손님에게 서빙하면서 그 위로 국물을 조심스럽게 부었다. 처음엔 서툴렀지만, 두 번째 시도에선 완벽하게 성공했다. 클로즈업 화면에 담긴 고명 가득한 만둣국은 시청자들의 침샘을 자극했고, 화면 너머로도 그 향과 맛이 전해지는 듯했다.

예능 속 외국인 가족의 반응은 기대 이상이었다. 어린 딸이 눈을 동그랗게 뜨고 "It's delicious!(맛있어!)"라고 외친 순간, 나는 직감했다. 이 장면이 글로벌 전략의 핵심 메시지가 될 수 있음을. 한국의 소울 푸드인 만두가 언어와 문화를 초월해 감동을 전한 것이다.

글로벌 콘텐츠 확장 전략 세우기

프로그램 엔딩에는 비비고 수제만두 영상을 자연스럽게 삽입했고, 곧바로 온라인 주문을 할 수 있는 프로모션을 연결했다. 시청률이 11%를 돌파했고, 방송 이후 만두 매출은 당시 최고치를 기록했다. 소셜미디어에서는 만둣국 레시피가 화제였고, 비비고 수제 만두는 설 명절의 특수를 누리는 주인공이 되었다.

그러나 나는 여기서 멈추지 않았다. 국내 콘텐츠의 글로벌 확장 전략을 고민했고, 이를 실현하기 위해 일본과 중국 법인장에게 직접 연락했다. 그들에게 〈윤스테이〉의 주요 장면과 시청자 반응 데이터를 공유하며, 각 나라의 문화적 맥락에 맞게 콘텐츠를 재구성할 것을 제안했다.

바로 박서준이 출연한 유튜브용 글로벌 영상 콘텐츠를 별도로 제작했다. 브랜드 로고가 선명하게 노출되면서도 만두 요리의 디테일을 살린 콘텐츠는 각국의 고객들에게 비비고 브랜드를 알리기에 충분했다. 언어는 달라도 '정성'과 '맛'이라는 보편적 가치는 국경을 초월했다.

특히 일본에서는 박서준의 인지도가 높은 덕에 콘텐츠 반응이 폭발적이었다. 일본 SNS에서 영상이 퍼졌고, '비비고 만두를 직접 먹어보고 싶다'는 댓글이 쇄도했다. 일본 법인은 이 열기를 놓치지 않고 콘텐츠를 마케팅 자산으로 활용해 현지 매출과 브랜드 인지도를 동시에 끌어올렸다.

브랜드의 진정한 경쟁력은 제품력과 그것을 입체적으로 전달할 수 있는 스토리의 결합에 있다. 현지 고객의 입맛을 연구한 제품을 개발하고, 한국적인 정서를 녹인 콘텐츠로 진심을 전하면, 브랜드는 국경을 넘어 세계인들과 깊이 있는 연결을 만든다.

〈윤스테이〉가 끝난 후, 우리는 다음 단계를 준비했다. 비비고의 글로벌 확장은 무작정 해외로 진출하는 것이 아닌, 문화적 이해를 바탕으로 발전해야 했다. 각 나라마다 존재하는 다양한 랩 푸드 속에서 비비고 만두만의 포지셔닝을 고민했다. 중국의 딤섬, 일본의 교자, 이탈리아의 라비올리 등 모든 문화권에는 그들만의 만두가 있었다. 각양각색의 전통 속에서 비비고의 K-만두는 어떤 역할과 의미를 가질 수 있을까를 생각해야 했다.

해외 시장이 어려웠던 코로나19 팬데믹 시기에도 우리는 기회를 찾아다녔다. 팬데믹으로 인한 집밥 트렌드는 간편식 시장에서는 오히려 기회였다. 가정에서도 손쉽게 레스토랑급 한식을 경험할 수 있다는 메시지를 강화하며, '프리미엄 만두 비비고'라는 포지셔닝을 강화했다.

음식은 만국 공통어다. 그리고 울림 있는 이야기에는 경계를 넘는 힘이 있다. 〈윤스테이〉에서 시작된 만두 이야기는 글로벌 마케팅을 통해 또 하나의 성공 신화를 써 내려갔다. 비비고 만두는 이제 단순한 식품이 아니라 한국을 대표하는 문화 아이콘으로 자리매김했다.

나는 이 프로젝트를 통해서 깨달았다. 진정한 글로벌 마케팅의 힘은 화려한 광고나 거창한 슬로건이 아니라, 제품에 담긴 진심과 그것을 전하는 스토리의 힘에 있다는 것을. 작은 고택에서 시작된 만두 한 그릇의 이야기가 세계 시장을 움직인 것처럼, 브랜드의 진심이 담긴 콘텐츠는 언제나 국경을 초월하는 감동을 선사할 수 있다.

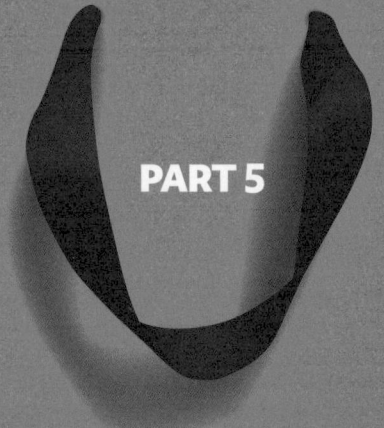

PART 5

시장이 바뀌어도 살아남는 기획자

/
설득력 있는 기획서 작성법
/

기획서를 잘 쓰는 방법이 무엇인지 묻는다면, 대부분 아이디어를 일목요연하게 정리하여 깔끔한 문서를 만드는 것이라고 답할 것이다. 하지만 매출 전쟁을 치르는 일터에서는 그런 일반론이 통하지 않는다. 마케팅 대행사에서 1년간 자문을 하면서 목격한 현실은 더 차가웠다. 기획서 한 장이 회사의 생존을 좌우하는 순간들, 직원들이 밤새워 준비한 제안서가 단 30분 만에 탈락하는 잔혹한 현실이 매일 펼쳐졌다. 때문에 기획서는 단순한 보고서가 아니라 살아남기 위한 마지막 무기다.

살아 숨쉬는 기획이란
기획과 관련해서 기억에 남는 장면이 하나 있다. 한 음료 회사의 신제품 마케팅 프로젝트 수주를 위해 세 개 대행사가 치열한 경쟁을 벌였다. 첫 번째 대행사는 화려한 그래픽과 함께 자신들의 과거 성과를 자랑했다. 성공했던 이전의 프로젝트들을 나열하면서 이번에도 잘할 수 있다는 자신감을 드러내는 것에 많은 시간을 할애했다. 두 번째 대행사는 시장 트렌드를 설명하기 위해 다양한 차트를 보여주고, 신제품을 성공시키기 위한 여러 전략을 설명하는 것에 집중했다.

그런데 세 번째 대행사는 달랐다. 프레젠테이션을 시작하기 전, 담당자는 조용히 말했다.

"지난 3주간 저희 팀 전체가 매일 이 회사의 음료를 마셔봤습니다."

그들은 매일 음료를 마셔보면서 음료의 맛부터 포장재의 촉감, 구매할 때의 심리까지 몸소 체험한 후 전략을 짰다. 타깃 고객이 되어 매장을 돌아다니며 경쟁 제품과 비교해 보고, 실제 구매 패턴을 분석했다. 다른 대행사들이 책상 위에서 만든 전략을 내놓는 동안, 이들은 현장에서 뛰어다니며 인터뷰를 통해 살아있는 인사이트를 제시했다.

결과는 뻔했다. 듣고 있던 고객사 임원들의 눈빛이 달라졌고, 질문이 쏟아졌다. 왜냐하면 그들이 제시한 문제점과 해결책이 너무나 현실적이고 구체적이었기 때문이다. 다른 대행사의 전략은 어느 회사에 갖다 붙여도 될 만큼 뻔한 내용이었지만, 세 번째 대행사의 제안은 오직 이 음료, 이 브랜드만을 위해 맞춤

제작된 것이 분명했다.

고객의 눈으로 보라

이 경험을 통해 다음과 같은 사실을 깨달았다. 첫째, 고객의 길을 걸어보기 전까지는, 그들의 불편을 알 수 없다. 많은 기획자가 범하는 치명적인 실수는 문제를 막연히 상상하여 정의하는 것이다. 고객사가 말하는 표면적인 니즈에만 귀를 기울이다 보면, 정작 중요한 본질을 놓치게 된다. 때로는 고객사도 자신들의 진짜 문제가 무엇인지 모를 때가 많다. 그런 상황에서 기획자는 고객이 보지 못한 맹점을 찾아내고, 그들보다 한발 앞서 문제의 본질을 꿰뚫어야 한다.

문제를 정확히 파악했다고 해서 끝이 아니다. 설득력 높은 제안서의 두 번째 핵심은 클라이언트의 머릿속을 복잡하게 만드는 것이 아니라, 문제를 단순화하고 명확한 방향을 제시하는 것이다. 그들은 이미 충분히 많은 것들을 고민하고 있다. 그들에게 필요한 것은 또 다른 고민거리가 아니라, 결정을 내릴 수 있는 확실한 해답이다. 한 가공식품 브랜드의 광고 제안서를 받는 자리에서 목격한 장면이 지금도 생생하다.

A 대행사는 자신감 넘치는 표정으로 여섯 개의 광고 시안을 펼쳐 보였다.

"다양한 옵션을 준비했습니다. 어떤 것이든 선택하시면 됩니다."

 많은 준비를 해왔으니 좋은 반응이 나올 것 같았지만, 보고를 받는 클라이언트들의 표정은 점점 어두워졌다. 선택지가 많을수록 결정은 더 어려워졌다. 회의는 길어졌고, 서로 다른 시안을 두고 클라이언트 사이에 의견이 갈렸다. 결국 그 자리에서는 아무런 결정도 내려지지 않았다.

 반면 B 대행사는 단 하나의 전략을 가져왔다. "이것이 유일한 해답입니다"라고 당당하게 말하며, 왜 이 전략이 필요한지, 해당 전략으로 어떻게 문제를 해결할 수 있는지를 조목조목 설명했다. 결정을 해야 하는 브랜드팀과 광고주들은 더 이상 복잡하게 고민할 필요가 없었다. B 대행사가 선택의 여지 대신, 확신을 주었기 때문이다. 구글이 복잡한 디자인을 메인으로 한 포털 사이트들 사이에서 하얀 검색창 하나로 승부를 걸었던 것처럼, 기획서도 마찬가지다.

 세 번째 핵심은 실행 가능성이다. 아무리 완벽한 전략이라도 실행할 수 없다면 그림의 떡일 뿐이다. 어느 캠페인 프로모션 제안서를 검토하는 자리에서 인상 깊었던 순간이 있다.

 대부분의 대행사들이 "선정해 주시면 최고의 팀을 구성하겠습니다"라고 추상적으로 말하는 가운데, 한 곳만은 달랐다.

 "프로젝트 매니저는 김 팀장입니다. 5년간 유사 프로젝트 7건을 성공적으로 진행했습니다. 크리에이티브 디렉터는 박 차장으로, 작년 해외 광고 어워드 수상자입니다. 촬영은 최고의 감도를 고집하며 찍기로 유명한 최 감독님을 예상하고 있고, 그간 협업했던 두세 군데 스튜디오 중 하나를 선정하려 하고 있습니다."

그 업체는 마지막 장표에 각 팀원의 포트폴리오와 연락처까지 첨부했다.

클라이언트 입장에서는 마치 프로젝트가 이미 시작된 것 같은 느낌을 받았을 것이다. 다른 업체들의 "선정해 주신다면 하겠습니다" 식의 약속과는 차원이 달랐다. 그들의 기획서에는 실제로 누가, 언제, 어떻게 할 것인지가 선명하게 보였다. 불확실함은 신뢰를 갉아먹는다. 하지만 구체적인 실행 계획은 확신을 심어준다.

결국 기획서를 잘 쓴다는 것은 예쁜 문장을 만드는 기술이 아니다. 고객의 마음을 읽고, 혼란을 걷어내고, 확신을 심어주는 전략적 커뮤니케이션에 능하다는 뜻이다. 고객의 눈으로 그들의 문제를 체감하라. 수많은 선택지로 혼란을 주지 말고 명확한 방향을 제시하라. 그리고 그 방향으로 갈 수 있는 구체적인 길을 보여주라.

이 세 가지가 조화를 이룰 때, 기획서는 단순한 제안서를 넘어 클라이언트의 신뢰를 얻는 강력한 무기가 된다. 그런 기획서야말로 치열한 경쟁 속에서 살아남고, 다음 기회를 만들어 내는 생존의 도구가 되는 것이다.

/
성공하는 프레젠테이션 기술
/

무수히 많은 콘텐츠가 쏟아지는 시대에 소비자들은 알고리즘이 선별한 정보들에 둘러싸여 살고 있다. 개인화된 미디어 환경에서 마케터들을 사로잡고 설득력 있는 기획자가 되기 위한 프레젠테이션 스킬은 그 어느 때보다 중요해졌다. 단순히 정보를 전달하는 것이 아니라 청중을 움직이는 힘, 그것이 바로 진짜 프레젠테이션이다.

하지만 프레젠테이션의 성공은 단순히 감동적인 이야기만으로 이루어지는 것이 아니다. 그 뒤에는 치밀한 전략이 필요하다. 승리하는 프레젠테이션에는 반드시 갖춰야 할 세 가지 핵심 요소가 있다.

첫째, 참석자의 레벨을 정확히 파악하라

경쟁 프레젠테이션에 참여하는 사람들이 실무진인지, 팀장급인지, 임원급인지, 아니면 대표이사까지 참석하는지에 따라 전략이 완전히 달라져야 한다.

만약 참여자가 팀장급 레벨이라면 실무 전문성 어필이 필수다. 예를 들어 20대를 타깃으로 한 제품 전략을 선정하는 프레젠테이션에서 젊은 층의 목소리가 직접 반영되지 않으면 아쉬움이 남을 수 있다. 실제로 실무를 담당할 젊은 직원들의 의견을 반영했더라도 중요한 미팅에 그들을 참석시키지 않는다면, 그 회사가 타깃을 얼마나 진지하게 고려하는지 의문이 들 수 있다.

반면 결정에 관여하는 임원급 이상이 참여하는 프레젠테이션이라면 접근 방식이 달라야 한다. 이들의 관심사는 세부적인 실행 방안 이상의 큰 그림이다. 회사의 임원들은 '이 회사가 믿을 만한 파트너인가?', '우리 회사에 어떤 가치를 가져다줄 것인가?', '장기적으로 함께 성장할 수 있는가?'를 주로 판단한다.

따라서 프레젠테이션에서 회사 소개와 비전, 성공적인 성과를 강조하는 것이 효과적이다. 발표 당일의 기획서 내용도 중요하지만, 향후 파트너십의 가능성을 보여주는 것이 더 중요하다. 임원들은 논리적 판단만 할 것 같지만 그들도 결국 사람이다. 확고한 철학과 뚜렷한 방향성이 느껴진다면, 이번 제안이 완벽하지 않더라도 '다음에 또 만나보자'는 마음이 생기게 된다.

- 팀장급: 실무 전문성 어필 → 실무진의 미팅 참석 여부가 중요
- 임원급: 파트너십 강조 → 회사 소개, 비전, 성과 강조

청중의 레벨과 관심사를 제대로 파악하지 못하면 아무리 훌륭한 내용이라도 공허하게 들릴 뿐이다. 실무진에게는 구체적인 실행 방안을, 임원진에게는 전략적 가치를, 최고경영자에게는 비즈니스 임팩트를 말해야 한다. 같은 프로젝트라도 누구에게 말하느냐에 따라 완전히 다른 이야기가 되어야 한다.

둘째, 발표자는 누구인가?

발표자가 누구인지 역시 성패를 가르는 중요한 요소다. 얼마 전 한 광고 대행사의 신규 비즈니스 프레젠테이션에서 벌어진 일이다. 대행사의 대표가 직접 나서서 40분간 열정적으로 발표했다. 그런데 프레젠테이션이 끝나자 클라이언트 측에서 예상하지 못한 질문이 나왔다.

"실제 프로젝트는 누가 담당하게 되나요?"

순간 어색한 침묵이 흘렀다. 대표가 직접 프로젝트를 진행할 리는 없고, 그렇다면 정작 일을 할 사람은 누구인지 궁금해진 것이다. 대표와 함께 두 명의 직원이 같이 왔지만 질문에 대한 대답을 대표가 혼자 다 하고 있었기 때문에 클라이언트 입장에선 더욱 실제 프로젝트 담당자가 궁금할 수밖에 없었다. 아무리 대

표의 발표가 인상적이었어도, 실제 업무를 담당할 사람 혹은 팀이 뚜렷하게 보이지 않으면 일을 맡겨야 하는 클라이언트 입장에선 불안감이 생기게 마련이다.

성공한 사례는 어땠는지 살펴보도록 하자. 한 디지털 마케팅 회사의 발표는 정말 인상적이었다. 처음에는 대표가 나서서 회사 비전과 철학을 간단히 소개했다. 그다음에는 실제 프로젝트를 담당할 팀장이 구체적인 전략을 설명했다. 마지막에는 크리에이티브 디렉터가 실제 작업물을 보여주며 실행 방안을 제시했다. 각자의 전문성과 개성이 돋보이는 발표였다.

앞에서 구체적인 팀 구성을 장표에 넣은 것과 마찬가지로, 실무자가 분명하게 보이는 발표는 클라이언트에게 이미 팀이 구성된 것 같은 느낌을 준다. 각자의 역할이 명확했고, 누가 무엇을 책임질지가 보였다. 대표의 리더십, 팀장의 전문성, 디렉터의 창의력이 하나의 스토리로 연결되었다. 조화롭게 성공할 것 같은 예감이 드는 발표인 것이다.

셋째, 중요한 것은 어떻게 말하느냐이다

최근 한 스타트업 피칭 대회에서 말하는 방법에 의한 극명한 대조를 목격했다.

첫 번째 팀은 완벽했다. 시장 분석부터 비즈니스 모델, 재무 계획까지 모든 것이 논리적이다. 발표자는 준비된 대본을 매끄럽게 읽어 내려갔다. 슬라이드는 전문적이었고, 데이터는 정확했다. 그런데 어딘가 아쉬웠다. 마치 완성된 보고서를 낭독하는 느낌이었다.

두 번째 팀은 달랐다. 발표자는 슬라이드를 거의 보지 않았다. 대신 청중의 눈을 보며 자신의 이야기를 들려주었다.

"2년 전 제가 아버지를 모시고 병원에 갔을 때의 일입니다."

개인적인 경험에서 시작된 창업 스토리는 자연스럽게 문제 정의로 이어졌다. 그리고 그 문제를 해결하기 위한 여정이 마치 모험담처럼 펼쳐졌다.

결과는 뻔했다. 첫 번째 팀의 완벽한 논리보다 두 번째 팀의 진정성 있는 스토리가 더 큰 울림을 주었다. 사람들은 정보보다 이야기에 더 깊이 몰입하기 때문이다. 데이터는 머리로 이해하지만, 스토리는 가슴으로 느낀다.

특히 기억에 남는 순간이 하나 더 있다. 한 리서치 회사의 고객 유치를 위한 중요한 프레젠테이션 날이었다. 그런데 발표 중간에 갑자기 슬라이드가 멈췄다. 기술적인 문제였다. 보통 이런 상황에서는 당황하며 시간을 끌게 된다. 그런데 발표자는 오히려 미소를 지으며 말했다.

"좋습니다. 이제 정말 중요한 이야기를 해보겠습니다."

그러고는 슬라이드 없이 그간 연구했던 내용들을 하나둘 꺼내 놓기 시작했다. 데이터 정리 작업을 하면서 겪었던 시행착오,

첫 번째 고객과의 만남, 연구를 통해서 발견한 타깃별 인사이트의 디테일까지. 그는 자료가 없어도 술술 말할 수 있을 만큼 이미 머릿속에 내용을 완벽히 정리해 놓은 것이 눈에 보였다. 예상치 못한 기술 장애가 오히려 가장 인상적인 순간을 만들어낸 것이다.

진짜 프레젠테이션 실력은 완벽한 슬라이드나 유창한 말솜씨에 있는 것이 아니라, 자신의 이야기를 전문적으로 진정성 있게 전달하는 능력에 있다. 이런 발표 자리는 PPT보다도 사람을 보러 온다는 것을 명심하자. 같이 일할 사람이 얼마나 자신의 일에 진심인지, 얼마나 확신을 가지고 있는지, 얼마나 신뢰할 만한지를 판단하는 자리인 것이다.

청중이 누구인지 정확히 파악하고, 그들에게 맞는 메시지를 전달하며, 적절한 발표자가 진정성 있는 스토리로 감동을 주는 것. 이 세 가지가 조화를 이룰 때, 프레젠테이션은 단순한 정보 전달을 넘어 마음을 움직이는 강력한 도구가 된다.

진짜 현장의 이야기를 자기 목소리로 가져올 수 있는 사람이 되어야 한다. 완벽한 슬라이드보다는 완벽한 확신을, 화려한 기법보다는 진솔한 경험을 무기로 삼아야 한다. 그럴 때 비로소 청중의 마음을 사로잡고, 경쟁에서 승리하는 발표자가 될 수 있다.

/
갑을 이기는 을의 전략
/

세상 모든 일에는 '갑'과 '을'이 존재한다. 요즘에는 '을'이라는 표현 대신 파트너십 계약으로 관계를 정리하는 경우가 많지만, 일을 맡기는 쪽과 수행하는 쪽의 구조는 여전히 분명하다. 비용을 집행하는 이는 자연스레 요구를 하게 되고, 이 요구가 일정 선을 넘으면 '갑질'로 불리기도 한다.

'을'이 아닌 파트너로
전략을 제안하고 실행을 맡는 수많은 회사들은 대개 을의 자리에 서게 된다. 아무리 이름 있는 광고 대행사라도 결국은 여러 업체들과 경쟁 PT를 거치며 선택을 기다리는 입장이다. 사무실에선 팀장이자 실장이고 대표이지만, 클라이언트 앞에서는 한없이 작아지는 을의 모습을, 대행사 직원이라면 누구나 한 번쯤 봤을 것이다.

나는 오랜 시간 제안서를 검토하고 결정하는 갑의 자리에서 일했다. 그리고 지금은 을로서 다양한 프로젝트를 수행 중이다. 양쪽의 입장을 모두 경험해 보니 명확해진 한 가지가 있다. 경쟁 PT에서 승리하는 비결은 '갑처럼 생각하는 을'이 되는 것이다.

을의 입장에 있는 사람들은 자주 말한다. "클라이언트가 이렇게 하라고 했어요." 하지만 일을 맡긴 갑의 입장에서 진짜 필요한 건, '시키는 대로'가 아니라 '새로운 관점'이다. 그래서 의외로 비딩에서 이기는 제안서는, 갑이 듣고 싶은 말이 아니라 갑도 미처 몰랐던 말을 들려주는 내용이 담긴 것일 때가 많다.

지금까지 수많은 제안서를 검토하며 한 가지 패턴을 발견했다. 똑같은 요청서를 받고도 어떤 회사는 지시사항을 그대로 반복하고, 어떤 회사는 완전히 다른 질문을 던진다. 기억에 남는 건 늘 후자였다. 왜냐하면 그들은 우리가 말하지 않은 진짜 고민을 들여다보고 있었기 때문이다.

내가 높게 평가하는 파트너들은 늘 나보다 한발 앞서 있었다. 내가 고민하는 문제를 이미 알고 있고, 내가 주저하는 이유를 미리 헤아리고, 내가 감히 시도하지 못한 아이디어를 대신 제시해 주는 사람. 그런 사람을 우리는 '파트너'라 부른다. 그리고 그 순간, 을은 더 이상 을이 아니다.

갑의 마음을 이해하는 을이 되어야, 비로소 갑을 움직일 수 있다. 이는 단순한 처세술이 아니다. 전략적 사고의 출발점이다.

나는 현재 다양한 프로젝트에서 을의 입장에서 이런 경험을 쌓아가고 있다. 때로는 클라이언트에게 과감한 이야기를 꺼낼 필요가 있다.

쓴소리도 아끼지 말 것

실제로 내가 참여했던 한 브랜드의 캠페인 사례다. 캠페인 콘텐츠 완성도는 높았지만, 구매 전환율은 낮았다. 인스타그램 피드•가 세련되고 완성도 높은 포스팅으로 가득했지만, 정작 구매로 이어지는 고객은 손에 꼽을 정도였다. 문제는 명확했다. 브랜드 스토리텔링에만 집중한 나머지, 고객의 행동을 유도하는 지점이 모호했던 것이다.

나는 브랜드에 나의 분석을 가감없이 전했다.

"지금 발행하는 콘텐츠는 보기는 좋은데, 세일즈로 연결이 잘 안되고 있어요."

"세일즈 채널로 연결하고 고객의 CTA Call to Action ••를 만드는 동선을 설계해 보면 좋겠어요."

"이번에는 키 메시지를 전면 수정해 보는 게 어떨까요?"

● SNS상의 게시물 목록
●● 직접 구매로 이어지도록 고객의 동선을 설계하는 것.

이런 피드백은 듣기에 따라선 불편할 수도 있다. 하지만 결국 을의 역할은 '시키는 대로'보다 '같이 고민하는 사람'이 되는 데 있다. 갑보다 먼저 고민하고, 해결책까지 설계하는 것. 이것이 전략을 다루는 기획자가 지녀야 할 자세다.

브랜드 담당자는 나의 제안을 받아들였다. 기존의 브랜딩 언어 대신 고객의 감정과 욕구를 건드리는 방식으로 톤을 바꾸자, 캠페인 이후 클릭률과 구매 전환율이 뚜렷하게 상승했다. 이처럼 제안은 단순히 PPT 슬라이드 위의 문장이 아니라, 실질적인 성과로 이어져야 한다.

을의 자리에 있다고 해서 을처럼 행동할 필요는 없다. 정말 중요한 건 '태도'다. 스스로에게 질문해 보아야 한다.

- 지금 나는 문제를 정해준 대로 이해하고 있는가, 아니면 재정의하고 있는가?
- 이 제안은 지시의 반복인가, 아니면 나만의 전략적 해석인가?

기획자는 결국, 보고서의 포맷이 아니라 문제를 보는 눈으로 평가받는다. 똑같은 요구서를 받고도 누구는 체크리스트를 채우고, 누구는 새로운 길을 연다. 차이는 생각의 깊이에서 나온다.

비딩을 통해 어렵게 선정된 대행사라고 해서 무조건 클라이언트의 말에만 따를 필요는 없다. 오히려 클라이언트의 전략 방향성에 공감하되, 새로운 아이디어와 실행 관점은 치열하게 토론하며 맞춰나가는 파트너가 클라이언트에게는 더 오래 기억에 남는다. 기획의 본질은 '다르게 보기'고, 토론의 본질은 '함께 더 나은 방향을 찾는 것'이기 때문이다.

다른 사람의 생각을 받아들이고 이해하는 마음만 있다면, 치열한 토론만큼 프로젝트를 성장시키는 것은 없다. 나는 종종 을의 입장에서 클라이언트와 2시간씩 화상회의를 하며 전략 방향을 완전히 뒤집는 경우를 경험한다. 처음엔 서로 다른 의견으로 시작했지만, 결국 더 나은 해답에 도달하게 되는 그 순간의 짜릿함이 있다.

기획자는 일을 '받는 사람'이 아니라, 방향을 '함께 만드는 사람'이다. 그리고 그 시작은 언제나 '갑보다 깊이 생각하는 을'에서 출발한다.

/
숫자로 증명하라
/

전략이 아무리 훌륭해도 매출로 이어지지 못한다면, 그 전략서는 허울좋은 문서일 뿐이다. 멋진 PT, 화려한 인사이트, 감각적인 키 비주얼로 무장한 제안서들로 광고주를 잠시 현혹시킬 수 있다. 하지만 실제 비즈니스 성과로 이어지지 않는다면 그 제안은 오래 기억되지 않는다.

숫자로 말하라

경영자는 브랜드 인지도보다 매출 숫자를 본다. 그것이 냉정하지만 정확한 현실이다. 기획자이자 마케터로 30년을 일하면서 수많은 제안을 하고 또 검토해왔지만, 결과적으로 선택받는 제안은 하나였다. 성과를 예측 가능하게 설명한 제안. 브랜드의 감성도 중요하지만, 매출과 연결되는 구조까지 담아낸 전략만이 살아남는다.

그 과정에서 내가 가장 자주 마주했던 상대는 CFO였다. 마케팅을 투자로 보는 입장과, 비용으로 보는 입장이 부딪히는 건 늘 익숙한 풍경이었다. 그들은 주로 이렇게 물었다.

"이걸로 얼마를 벌 수 있습니까?"

처음엔 그 질문이 참 답답하게 느껴졌다. 감성, 감각, 브랜딩의 시간은 숫자만으로 설명될 수 없다고 믿고 있었기 때문이다.

하지만 시간이 지나며 나 역시 달라졌다. 만약 그와 같은 질문이 없었다면, 내가 만든 브랜드는 살아남지 못했을지도 모른다. 성과로 이어지지 않는 전략은 아무리 아름다워도 조직 안에서 설자리를 잃는다. 브랜드는 기억되더라도, 마케터는 교체된다.

지금도 선명하게 떠오르는 순간이 있다. 당시 회사는 2년 연속 매출 정체를 겪고 있었고, 나는 신제품 출시를 앞둔 대규모 캠페인을 기획하고 있었다. 외부 에이전시와 협업해 감각적인 콘텐츠와 탄탄한 전략 구조를 만들어냈고, 내부 반응도 나쁘지 않았다.

하지만 CFO는 예산 승인을 쉽게 내주지 않았다.

"이 예산이면, 지금까지 쌓여 있던 다른 제품들의 폐기 손실을 상당 부분 해결할 수 있어요."

그 말을 들었을 때, 사실 나도 흔들렸다. 하지만 그대로 물러서기도 어려웠다. 이번 캠페인이 승인되지 않으면 앞으로의 기회는 줄어들 것이고, 회사 내에서의 팀의 신뢰도 무너질 수 있었다.

나는 조심스럽게 말했다.

"맞습니다. 하지만 재고만 털고 고객의 마음을 움직이지 못하면, 내년에는 브랜드 자체가 논의 테이블에 오르지 못할지도 모릅니다."

그날 우리는 서너 시간을 회의실에 앉아 치열하게 논의했다. 예산안을 하나하나 검토하고, 예상 매출을 보수적으로 다시 계산했다. 쉽지 않은 과정 끝에 캠페인은 조건부로 승인됐다. 마케팅팀은 예산의 70%만으로 메시지를 다시 정리하고 캠페인 구조를 재설계해야 했다.

모든 것이 잘 풀릴 거라 확신해서 프로젝트를 밀어붙였던 건 아니다. 그저 우리가 할 수 있는 최선의 전략을 펼쳐보자는 마음뿐이었다.

그래서 나는 직접 영업팀을 찾아갔다. 브랜드 브로슈어를 들고, 관련 자료를 다시 정리해서 문을 두드렸다.

"이번 메시지는 이렇게 바뀌었어요. 경쟁사와 우리 상품을 비교한 가격표랑 세일즈 포인트도 따로 정리했어요. 이걸로 바이어 상담 한 번만 더 해주시면 안 될까요? 제가 매장에서 지켜보니까, 세일즈 메시지만 바꿔도 고객들이 제품을 쳐다보는 눈빛이 다르더라고요."

그때 얼마나 떨리고 조심스러웠는지 모른다. 설득이라기보다, 한 번만 더 기회를 달라는 마음이 컸다. 줄어든 예산과 바뀐 메시지 때문에 돌아오는 반응은 날카로웠지만 진심은 통했고, 날카로운 피드백들도 다시 실행 전략으로 반영됐다.

캠페인은 결국 목표 매출을 120% 달성하는 결과를 만들었다. 나는 그때 처음으로 마케팅과 영업이 한 방향으로 움직인다는 게 어떤 의미인지 체감할 수 있었다. 더 중요한 건, CFO와의 관계도 완전히 달라졌다는 점이다. 이후 그는 나를 "마케팅도 비즈니스 언어로 말할 수 있는 사람"이라고 평가했다.

그 경험은 나에게 큰 교훈을 남겼다. 마케터는 감각으로 시작하지만, 결국 숫자로 설득하고 증명해야 한다는 것을.

매출을 신경 쓰는 기획자란

예전에 광고 대행사 선배가 했던 말이 떠오른다.

"나는 신입 사원 면접 때 꼭 물어봐. 광고는 예술일까, 상업일까?"

대부분은 예술이라고 대답한다고 한다. 그러면 그는 말한다.

"광고는 상업 예술이야. 상업성이 없는 예술은 의미 없고, 예술성이 없는 상업은 매력 없어."

언뜻 뻔해 보이는 말이지만, 오랜 시간 업계에 몸담아오며 나는 그 말이 진실임을 뼈저리게 느껴왔다. 마케팅 감각은 매출과 연결되어야 한다. 그렇지 않으면 아무리 아름다운 마케팅도 지속될 수 없다.

경영자는 결국 숫자로 판단한다. 전략이 아무리 멋져도, 비즈니스로 이어질 명확한 경로가 없다면 그 어떤 캠페인 제안서도 선택받지 못할 것이다. 이는 냉정한 현실이지만, 동시에 마케터가 넘어야 할 필수 관문이기도 하다.

그래서 지금도 나는 캠페인을 기획할 때마다 스스로에게 묻는다.

"이 전략으로 고객은 실제로 어떤 행동을 하게 될까?"

캠페인의 구조가 감탄을 넘어 행동으로 이어지는 구조인지, 우리 팀만 만족하고 있는 건 아닌지, 진짜 경영자의 시선에서 전략을 바라보고 있는지 반드시 점검해야 한다.

"결국, 이 전략은 무엇을 바꾸는가?"

이는 그간 많은 논쟁을 벌여왔던 그 CFO의 말 한마디가 내게 남긴 질문이다. 그리고 지금도 내가 스스로에게 던지는 질문이다.

변화를 만들지 못하는 전략은, 아무리 멋져도 선택받지 못한다. 기획자는 일을 받는 사람이 아니라, 결과를 책임지는 사람이다.

/
비즈니스를 키우는 포트폴리오 구성하기
/

잘 만든 상품 하나로는 오래 살아남을 수 없다. 기획자의 진짜 생존 전략은 포트폴리오에 있다. 포트폴리오 전략은 단순히 많은 제품을 만드는 것이 아니라, 각 상품이 한 가족처럼 엮여 서로 다른 역할을 수행하게 하는 전략이다. 한 집에서 형, 동생, 언니, 오빠의 역할이 다르듯 각각의 제품이 역할에 맞는 책임과 성장의 속도를 갖는 것이다. 비즈니스는 결국 개별과 전체를 어떻게 통합적으로 조율하고 키워가는가의 싸움이다.

비비고의 포트폴리오 전략
스타트업 대표라면 '우리는 아직 상품이 하나밖에 없는데요'라고 말할 수 있다. 하지만 그럴수록 포트폴리오 전략은 더 중요하다. 하나의 상품이 브랜드의 얼굴이 될 수도 있고, 다음 상품을 위한 발판이 될 수도 있기 때문이다. 지금의 기획이 어디에 어떤 의미를 가질지를 상상하지 않는다면, 성장도 확장도 모두 우연에 맡기게 된다. 브랜드는 그렇게 쉽게 자라지 않는다.

비비고 브랜드 담당 임원을 맡았을 때, 나는 8개의 핵심 카테고리를 총괄하고 있었다. 김치, 만두, 김, 죽, 생선구이, 국물 요리, 밥류, 반찬류까지. 나는 비비고의 제품들을 서로 다른 성격과 역할을 가지고 한 지붕 아래 살아가는 구성원이라 생각했다.

비비고의 기둥이자 맏형은 단연 만두였다. 비비고 만두는 매출과 이익을 책임지고, 글로벌 진출의 선봉장 역할을 하는 주력 상품이자 미국에서 채널별 MS 1위를 만들어 가는 실력자였다. 어느 나라에 비비고라는 이름을 먼저 소개할지, 어떤 국가에 공장을 투자할지는 모두 비비고 만두를 중심으로 계획이 세워졌다. 각국의 만두 시장 구조와 소비 트렌드를 비교하며 전략을 만들어갔다. 만두는 브랜드의 얼굴이자 수익의 기둥이었다.

둘째는 국물 요리였다. 육개장을 시작으로 성장한 국물 요리 라인은 HMR 시장의 흐름을 바꾸었다. 매일 밥상에 오르는 미역국, 갈비탕, 김치찌개를 HMR 상품으로 만들면서 비비고의 국물 요리들은 점점 대한민국 가정의 식탁을 점령해갔다. 사업이 커 갈수록 맏형의 뒤를 따라 매출과 이익을 확장하는 책임을 지며, 든든한 조연이면서도, 때로는 주연 못지않은 존재감을 발휘하고 있었다.

효자 상품만 존재하지는 않는다. 김치는 늘 고민스러운 카테고리였다. 시장에 이미 강력한 경쟁자가 버티고 있었고, 배추 원가는 기후에 따라 출렁였다. 때문에 수익 예측이 거의 불가능했다. 마케팅 회의에서 김치 이야기가 나올 때마다 공기가 무거워지곤 했다.

그러나 비비고가 한식의 세계화를 말하면서 김치를 포기할 순 없었다. 김치는 브랜드의 철학이 걸린 제품이었다. 김치 없는 한식 브랜드는 상상할 수 없었다. 때로는 사업적 명분이 당장의 이익보다 우선될 수 있다는 점을 김치에서 배웠다. 수익성이 다소 떨어져도 브랜드는 지켜야 할 아이덴티티가 있다.

새로 태어난 막내 같은 상품도 있었다. 비비고 생선구이는 '전자레인지 1분 조리'라는 편의성과 냄새 없는 기술력으로 젊은 1~2인 가구를 단숨에 사로잡았다. 비비고 가족 중 가장 어린 막내지만, 타깃을 고려하면 누구보다 미래가 기대되는 상품이었다. 런칭 첫해에 예상 매출의 150%를 기록하며 모두를 놀라게 하기도 했다.

그렇게 비비고는 당시 각기 다른 역할을 맡은 8형제를 한 지붕 아래 키워냈고, 잘 자라난 이 브랜드는 현재 글로벌 포함 4조 원 규모로 성장했다. 하지만 이 숫자 뒤에는 보이지 않는 이야기들이 숨어 있다.

포트폴리오는 위기일 때 빛난다

나는 고백한다. 이 안에는 실패한 아이템도 있고, 오랫동안 수익을 내지 못한 형제들도 있다. 너무 일찍 기대했거나, 너무 늦게 손을 뗐던 상품들도 있었다. 출시 6개월 만에 단종된 제품, 수년간 적자를 기록한 카테고리, 글로벌 진출에 실패한 아이템들까지. 다양한 아이템만큼 실패의 이유도 다양하다.

하지만 그것이 포트폴리오 전략의 진짜 힘이다. 단일 제품으로 승부하는 브랜드와 포트폴리오 전략을 구사하는 브랜드의 결정적 차이는 성공이 아니라 실패에서 나타난다. 포트폴리오 전략이 없었다면, 한 번의 실패가 브랜드 전체를 흔들었을지도 모른다. 포트폴리오가 잘 짜여 있다면 한 제품이 실패해도 다른 제품이 받쳐주고, 한 카테고리가 주춤해도 다른 라인이 성장을 이끌어간다. 만두가 글로벌에서 대박을 터뜨릴 때, 김치는 브랜드의 진정성을 지키고 있었다. 국물 요리가 내수에서 탄탄한 기반을 다질 때, 생선구이는 새로운 시장을 개척하고 있었다.

스타트업이라면 포트폴리오 전략이 더욱 중요하다. 지금 당장 매출을 올리는 제품이 회사의 기둥이고 전부인 것 같지만, 시간이 지날수록 그 상품이 다음 제품을 낳는 씨앗이었는지, 브랜드 전체를 끌고 가는 중심축이 될 재목이었는지, 혹은 조용히 사라지는 실험이었는지 알게 된다. 그러나 결과를 알게 될 때까지 기다리고 있으면 안 된다. **포트폴리오 관점에서 상품의 역할을 미리**

정의하고 준비해야 한다.

기획자는 단순히 '상품을 만드는 사람'이 아니다. 역할을 정의하고, 구조를 설계하고, 미래를 만들어가는 사람이다. 야구 경기에서 홈런을 치는 4번 타자만으로는 승부를 만들 수 없다. 진루를 만드는 2번 타자, 위기 때 희생 번트를 대는 9번 타자도 있어야 이긴다. 그 타순을 짜는 사람이 바로 기획자다.

상품 하나에만 몰입하면 매출은 날 수 있어도 브랜드는 자라지 않는다. 기획자는 늘 머릿속에 한 지붕 여러 가족의 삶을 그려야 한다. 지금의 아이템이 어떤 자리를 맡을 것인지, 미래에 어떤 방향으로 연결될 것인지, 어디서 이익을 내고 어디서 철학을 지킬 것인지를 생각해야 한다.

당신이 스타트업 대표나 상품기획자라면, 미래를 위해 다음과 같은 질문을 해야 한다.

- 지금 만들고 있는 이 상품은 브랜드 안에서 어떤 포지션을 맡게 될 것인가?
- 상품이 잘 되었을 때, 다음에 이어질 제품군은 무엇인가?
- 이 제품은 매출의 역할을 할 것인가, 브랜드 정체성을 위한 아이템인가?
- 단기 수익이 중요한 시점인가, 장기적 브랜드 구조를 구축해야 할 타이밍인가?

- 지금은 하나의 제품이지만, 미래의 상품군은 어떤 조합으로 성장시킬 것인가?

더 구체적으로 묻는다면 이렇다.

- 한 제품이 실패했을 때 브랜드가 무너지는가, 아니면 다른 제품이 받쳐줄 수 있는가?
- 경쟁사가 카피했을 때 우리만의 차별점은 여전히 유효한가?
- 이 제품으로 생긴 수익을 다음의 어떤 제품에 투자할 것인가?

포트폴리오 전략은 '많이 만드는 것'이 아니라, '다르게 기획하

포트폴리오 전략 진단표(예시)

자사의 제품 카테고리별 포트폴리오를 진단해 보세요.

카테고리명	매출 기여도(%)	성장성	수익성	보완 전략
냉동 간편식	40%	높음	중간	프리미엄 제품 강화
상온 간편식	25%	중간	높음	신규 라인업 확장
냉장 간편식	20%	높음	낮음	저온 보관 기술 개선
프리미엄 음료	15%	높음	중간	고수익 채널 집중

고 유기적으로 연결하는 것'에서 출발한다. 좋은 상품은 우연히 나올 수 있다. 하지만 강한 브랜드는 절대로 우연히 만들어지지 않는다. 기획자의 생존법은 결국 좋은 아이디어가 아니라, 좋은 포트폴리오 구조에서 나온다.

/
신규 브랜드 런칭의 교훈
/

내가 CMO로 합류했었던 'LF푸드'는 패션 사업으로 큰 성공을 거둔 LF의 푸드 계열사이다. LF는 패션으로 한 시대를 풍미한 후 새로운 성장 동력으로 푸드를 지목했다.

세상에 다양한 먹거리가 존재하는 만큼 푸드 시장은 블루오션 같지만 오히려 그런 점 때문에 생각보다 훨씬 더 복잡하고 까다로운 분야다. 내가 합류할 당시 LF푸드의 HMR 사업은 브랜드 인지도가 낮았고, 제품 포트폴리오도 정리가 필요했다. B2B 유통 기반은 어느 정도 구축돼 있었지만, 가공식품 사업은 처음부터 다시 설계해야 할 영역이었다.

한계에서 답을 찾다
LF푸드는 일본 원료 소싱과 프랜차이즈 운영 경험이 있었기 때문에 그 연장선에서 일식 가공식품 브랜드 하코야를 만들었다. 그러나 시장을 들여다보자 성장이 미흡했던 원인이 보였다. 일식 제품은 소비자층이 한정되어 있었고, 반복 구매를 유도하기엔 한계가 있었다. 일식은 한국인들에게 꾸준한 주식이 아닌 '간헐적인 주식이거나 안주'의 포지션이었기에, 확실한 매출 성장을 기대하기 어려운 구조였다.

한계를 파악했으니 사업 성장을 위한 추가적인 전략이 필요했다. 식품 사업 전체의 성장을 위해서는 일식 가정간편식을 기본 사업으로 두되, 우리의 식탁 위에 더 자주 올라가는 음식, 한식 상품을 만들어야 했다. 가공식품을 키우려는 회사의 목표를 이루기 위해서는, 우리 땅에서 난 신선한 원재료로 제철의 맛을 살리고, 가정에서도 손쉽게 조리해 지속적으로 즐길 수 있는 메뉴로의 확장이 필요했다. 아무리 맛이 좋고 컨셉이 확실해도 결국 밥상 위에 자주 올라가는 상품을 만들어야 사업의 지속 가능성을 바라볼 수 있다.

전략은 명확했지만 실행은 쉽지 않았다. 시장을 들여다보고, 소비자를 분석하고, 과거의 실패 사례들을 철저히 복기했다. 신규 브랜드가 실패하는 이유는 다양하다. 시장 검증 부족, 소비자 불만 요소 간과, 미충족 니즈에 대한 무관심, 혹은 출시 후 차별화 실패. 기획자는 늘 성공을 가정하지만, 소비자는 냉정하기에 막상 성공하는 제품은 많지 않다.

식품 시장에서 소비자의 선택을 받는 건 소비자에게 진짜로 필요한 음식이다. 날이 춥고 몸이 지치는 날, 엄마가 해준 것 같은 따뜻한 밥 한 그릇처럼 말이다. 아무리 외식 산업이 발달해도 한국인들은 여전히 밥과 국, 반찬을 주식으로 한다. 한국인의 식습관을 정확히, 그러나 새롭게 공략하는 것이 잘 팔리는 상품을 만드는 기획자의 일이라는 생각이 들었다. 잘하고 있는 일식 상품을 기반으로 하되 더 넓은 소비자층을 대상으로 식품 사업 확장을 위한 한식의 확대 전략을 짜기로 했다.

가정에서도 한식의 깊은 맛을 온전히 구현하려면 어떤 형태여야 할까? 여러 형태를 놓고 고민한 끝에, 나는 냉동 방식을 선택했다. 상온 제품은 간편하지만 제조 과정에서 맛의 본질이 손상되기 쉽고, 냉장은 유통과 보관이 까다로워 소비자 입장에서 접근성이 낮았다. 반면 냉동은 원재료 본연의 식감과 맛을 가장 잘 보존할 수 있었고, 장기 보관도 가능해 일상적인 가정식으로 적합했다. 우리가 구현하고자 했던 '제대로 된 한식'의 정성과 깊이를 담기 위한, 가장 현실적인 해법이었다.

부르기 쉽고, 기억에 남는 브랜드 네이밍 방법

가장 큰 고비는 브랜드 네이밍이었다. 사내 공모도 열고, 팀장 회의도 수차례 진행했다. 매주 아이디어를 내보라고 여러 사람에게 요청하고, 매번 다 같이 머리를 맞댔지만 회의는 늘 제자

신규 브랜드 런칭시 제품 형태별 고려할 점

제품 형태	장점	단점	적합한 상품
냉동 제품	식감과 맛 유지 용이, 장기 보관 가능	냉동 유통·보관 인프라 필요, 해동 과정 번거로움	냉동만두, 냉동피자, 냉동볶음밥
상온 제품	조리 및 보관 간편, 휴대성 높음	보관 기간 짧음, 풍미 유지 한계	즉석 컵밥, 스낵류, 레토르트 간식
냉장 제품	신선도 유지, 품질 신뢰도 높음	유통기한 짧음, 콜드체인 필수	샐러드, 신선 음료, 유제품

리걸음이었다. 좋은 이름이 나올 듯하다가도 누군가 "기억에 안 남는다" 하면 흐지부지됐고, 또 어떤 이름들은 "너무 올드하다", "검색이 안 된다"라는 이유로 탈락했다. 창의성과 실용성 사이, 감성과 전략 사이에서 모두가 지쳤다. "이름 짓는 게 이렇게 어려운 일이었나?"라는 말이 나올 정도였다.

회의가 계속 공회전을 반복하자, 나는 책상 앞에만 앉아 있을 수 없다는 생각이 들었다. 머리를 식히고 시야를 바꾸기 위해, 그리고 실마리를 찾기 위해 주말에 무작정 강원도로 향했다. 이름이 떠오르길 가만히 앉아 기다릴 수만은 없었다.

강원도 길가의 간판과 전통 한정식집 이름만 보며 걷고 또 걸었다. 식당 입구에 적힌 메뉴판을 유심히 들여다보고, 시장을 돌아다니면서 더덕, 도라지, 달래, 곰취 같은 자연 소재 단어들을 머릿속에 그려봤다. 이 단어들이 우리 브랜드에 어떤 이미지를 줄 수 있을지 곱씹고, 사람들의 말소리와 손님들의 표정을 유심히 들여다봤다. 단어 하나, 조합 하나를 찾기 위해 한참을 걸었다. 발품이 무조건 답은 아니지만 때로는 수행과도 같은 과정 속에서 겨우 얻어지는 것들이 있다.

잠시 쉬려고 카페에 앉아서 같이 간 친구와 주고받던 대화 속에서 무심코 한마디가 튀어나왔다.

"한국인의 밥상이니까, 그냥 한반이라고 할까?"

그 말을 듣자마자 머릿속에 불이 탁, 켜졌다. 간단하고도 강렬한 이름이었다. 한반도라는 이미지도 연상되고, 단어 자체가 한국의 정체성을 자연스럽게 담고 있는 느낌이었다. 친구도 고개를 끄덕였다.

"그거 좋다. 외우기도 쉽고, 디자인도 깔끔하게 나올 것 같아."

나는 마음속으로 되뇌었다. '열두 달 내내 사랑받는 브랜드가 되어야지.' 그렇게 탄생한 이름이 바로 '한반12'였다.

브랜드 네이밍이 결정되면서 프로젝트에 속도가 붙었다. 나는 상품개발 팀과 함께 수차례 맛집을 다니며 좋은 원료를 직접 비교하고 선별해 나갔다. 개발한 제품들은 시식 테스트를 거치며 경쟁사 제품과의 맛 비교도 하고, 품질에서 확실한 차별점을 만들기 위해 구체적인 개발 작업에 몰두했다. 원료의 신선도, 양념의 조화, 조리 후 식감까지 단계별로 점검해가며 브랜드의 핵심 가치를 실현할 수 있는 제품을 구체화하는 일은 쉽지 않았다.

그렇게 한반12라는 브랜드는 세상에 나오게 되었다. 좋은 제품을 만들겠다는 집요함 때문에 과정이 녹록지 않았지만, 기획자가 집요할수록 제품에 대한 공감과 신뢰는 점점 높아지고, 이는 더 좋은 제품이라는 결과로 이어졌다. 머릿속에서만 맴돌던 전략을 현실로 끌어오는 데는 수많은 회의와 시행착오가 있고, 매번 발생하는 문제를 풀어야 하며, 반대와 무관심을 뚫고 나아가는 뚝심이 필요하다.

신제품/신사업 리스크 평가표(예시)

신사업의 리스크를 진단하고, 대응 전략을 설계해 보세요.

리스크 항목	위험 수준	대응 전략
시장 수요 불확실성	중간	소규모 테스트 런칭 후 반응 검증후 확장
원가/원료 확보 어려움	높음	다수의 원료 공급선 확보
경쟁 브랜드 존재 여부	높음	차별화된 포지셔닝 개발
생산 인프라 문제	중간	초기에는 OEM 활용, 일정 매출후 설비투자
브랜드 내부 역량 부족	중간	외부 전문가 자문 활용후 인력 보강

브랜드는 기획서에서 태어나지 않는다. 제품의 본질에 대해서 깊게 고민하고 시장을 직접 걷고, 식탁 위의 현실을 관찰하고, 사람들의 말속에 숨은 니즈를 찾는 기획자가 결국 브랜드를 만든다.

기획자의 생존법은 복잡한 전략을 멋지게 그리는 게 아니라, 지금 할 수 있는 실행을 밀어붙이는 용기다. 실행 없이 성공한 브랜드는 없다. 그리고 때로는, 가장 좋은 아이디어는 깊은 고민 뒤에 조용히 찾아온다.

/
스몰브랜드의 사업 확장 전략
/

나는 28년을 국내 최대 식품회사에서 마케팅을 담당하며 수많은 성과를 이뤄냈다. 하지만 퇴임 후 나를 찾아온 질문은 의외로 단순했다. "그 성공은 정말 나의 것이었을까?"

대기업이라는 탄탄한 브랜드, 세대를 거쳐 축적된 영업 노하우, 정교한 시스템과 뛰어난 인재들…. 내가 한 많은 노력이 있었지만 이 책에 적은 성공 사례들은 나 혼자서는 절대 이뤄낼 수 없었던 것도 사실이다. 혹시 나는 대기업이라는 거대한 기계 속 하나의 톱니바퀴에 불과했던 건 아닐까? 이 의문은 나를 새로운 길로 이끌었다.

스타트업에 뛰어들다
'시장에서 중소·중견 기업들은 왜 일정 기간이 지나면 사라지거나 대기업에 흡수되는 걸까?' 나는 늘 고래 등 사이에서 살아남는 기업들, 자신만의 색깔로 세상에 도전하는 기업들에 관심이 있었다. 업계 선배로서 그들이 굳건히 성장하는 모습을 보고 싶었다.

매년 두 자릿수 성장을 기록하는 샐러드 스타트업 회사의 경영 고문을 맡은 건 그러한 이유에서였다. 조인한 회사는 신선한 채소로 몸의 균형을 추구하고, 맛있는 샐러드로 새로운 시장을 개척하는 기업이었다.

시스템도, 인프라도 만들어가야 하는 회사라면 나의 능력을 시험해 볼 수 있을 거라고 생각했다. 충분히 도전할 만한 가치가 있었다. 무엇보다 젊은 대표의 열정이 나를 이끌었다.

관점을 확장하라

회사에 합류한 후, 나는 두 가지 방향에 집중했다. 첫째는 사업의 본질을 파악하고 장점을 강화하는 것이었다. 창업 동기를 명확히 이해하고, 회사의 강점을 정의했다. 대표의 창업 동기는 '누구나 건강한 음식을 먹는 세상'이었다. F&B 일을 오래 해온 나도 그것이 모두가 행복해지는 일이라고 생각했다.

회사는 최적화된 생산 공정과 철저한 품질 관리로 100가지가 넘는 다양한 샐러드 제품을 안정적으로 생산하고 제공할 능력이 있었다. 성실한 직원들이 체계적인 물량 수급 계획을 세우고,

규모가 큰 거래처와의 신뢰 관계를 통해 안정적인 납품을 이어가고 있었다.

나는 이를 바탕으로 **두 번째, 미래를 위한 성장 전략을 수립했다.** 우선 관점의 확장이 필요했다. 샐러드라는 카테고리에만 머무르지 않고, 건강식이라는 더 넓은 시장으로 영역을 확장했다. 미래 소비자의 소비 패턴 진화 방향을 예측하여 로드맵을 그리고, 영양학적 요소를 강화해 저당, 저칼로리, 고단백질 제품으로 라인업을 확장했다. 소비자가 추구하는 건강과 편의성의 관점에서 제품 형태도 다각화했다. 샐러드 랩 제품으로 손쉽게 들고 먹을 수 있도록 휴대성을 높이고, 피크닉용 대용량 상품으로 새로운 수요를 창출했다. 신개념 편의점용 쉐이킹 샐러드, 겨울에도 따뜻하게 먹는 구운 야채 샐러드 등을 연구하며 끊임없이 진화를 추구했다.

기술과 인프라의 자산화

회사의 방향이 정해졌다면 회사의 자산이 되는 기술과 인프라를 축적하는 확장이 필요하다. 스몰 브랜드의 가장 큰 위험은 외부 의존도가 높다는 점이다. 대기업에 납품하거나 대형 유통에 입점하고 물량이 늘어서 안심하는 것도 잠시, 환경 변화나 경쟁력 부족으로 시장에서 퇴출 될 수도 있다.

'자산화'란 기업의 성장에 따른 노하우가 회사 내부에 축적되고 직원들에게 체화되는 것이다. 기술 노하우가 생산 공정에 녹아들고, 상품기획 프로세스가 체계화되어 직원들 사이에 뿌리내리는 것이 중요하다. 특정 거래처와 관계가 종료되더라도, 그간의 노하우를 바탕으로 다른 업체에 제안할 수 있는 자생적인 경쟁력을 갖추는 것이다. 혁신적인 제품을 만들기 위한 노력과 마음가짐이 조직의 철학과 문화로 정착되고 회사 내부에 쌓여가는 것은 스타트업에게는 필수적인 생존 전략이다.

스몰 브랜드일수록 회사에 맞는 포트폴리오를 명확히 정의하고 미래의 로드맵을 그려가는 것이 중요하다. 오늘 놓는 작은 주춧돌 하나가 내일의 새로운 길을 만들기 때문이다.

일본에는 세대를 거쳐 백 년이 넘도록 이어져 오는 작은 브랜드들이 전국에 퍼져 있다. 소비 패턴도 이제는 대량 생산된 획일적 상품보다 스몰 브랜드의 특색 있는 제품과 진정성 있는 스토리에 지갑을 여는 트렌드로 변화하고 있다.

스타트업은 두려워하지 말고 도전해야 한다. 세상은 점점 더 작고 소중한 이야기에 귀 기울이고 있다. 최선을 다해 기업을 키워나가는 수많은 스타트업들에게 희망찬 시장이 열리기를 바라며, 나는 오늘도 건강한 식탁을 위한 열띤 토론과 방향성 논의를 이어간다.

/
히트 상품의 비밀은 실패에 숨어 있다
/

'볶음밥 메이트'는 지금도 선명하게 기억나는 내 첫 번째 참패작이다. 레토르트 소스 담당자로서 짜장 소스와 카레 소스의 성공에 취해 있던 나는 욕심을 부렸다. 그렇게 주니어 시절, 세상의 모든 소스를 만들어보겠다는 거창한 포부로 시작한 프로젝트의 결과물이 바로 볶음밥 메이트였다.

실패의 추억

개발 과정에서는 모든 것이 순조로웠다. 맛도 그럭저럭 괜찮았고, 매콤한 풍미가 제법 매력적이었다. 회의실에서 시식 테스트를 할 때마다 "이거 괜찮은데?"라는 반응이 나왔다. 나는 확신했다. 짜장과 카레의 성공 공식을 볶음밥에도 적용할 수 있을 거라고.

하지만 시장의 반응은 냉정했다. 짜장 소스나 카레 소스와 달리 사람들은 볶음밥 소스를 필요로 하지 않았다. 특히 한국인들에게는 김치볶음밥이라는 국민 메뉴가 있었다. 프라이팬에 김치와 식용유만 있으면 누구나 자기 입맛에 맞는 볶음밥을 쉽게 만들 수 있었다.

결국 야심 차게 출시했던 볶음밥 메이트는 빠른 출시 속도만큼이나 빠르게 시장에서 사라졌다. 실패가 부끄러웠지만 이때 시장에 대해 크게 배웠다. 히트 상품은 상상만으로 되는 것이 아니고, 소비자 마음속 깊은 곳의 니즈를 건드려야 한다는 것이었다.

두 번째 실패는 보다 더 큰 프로젝트에서였다. 이때 시도한 제품은 DIY 상품이었다. 출장으로 일본 시장을 방문했을 때, 나는 냉장 매대를 보고 깜짝 놀랐다. F&B 산업에 종사하는 나에게도 놀라울만큼 엄청나게 다양한 면 제품이 진열되어 있었다. 우동, 소바는 기본이고, 다양한 토핑이 들어간 생라면들이 말 그대로 무궁무진했다. 게다가 같은 면 메뉴도 냉·온 요리로 세분화되어 있고, 토핑도 새우, 어묵 등 소비자의 선택지가 풍부했다.

당시 면 팀장을 맡고 있던 나는 이를 한국 시장에 접목해 보고 싶었다. 1인분 시장이 발달한 일본의 사례를 벤치마킹해서 면을 1인분으로 포장하고, 토핑을 다양하게 선택할 수 있도록 했다. 생라면에 잘 어울리는 차슈, 야채, 콩류, 어묵류들을 개별 포장해서 소비자가 기호에 맞게 넣어 먹을 수 있도록 했다.

내가 스스로 면을 정하고 거기에 맞는 토핑을 골라 먹는다면, 정해진 것만 제공하던 가공식품 시장에 혁신이 올 것이라 확신했다. 설레는 마음으로 제품을 출시하고 백화점과 할인점에서 판매를 시작했다. 이때가 2010년대라 지금처럼 국내 시장이 세분화가 되지 않았지만, 성공한 해외 사례를 벤치마킹했으니 한국에서도 성공할 수 있을 거라 기대했다.

포장도 작고 예쁘게 했고, 면은 면대로 소스는 소스대로, 토핑은 종류별로 모아서 내가 일본에서 봤던 먹을거리 넘치는 매대처럼 잘 꾸며 진열했다. 분명 사람들의 이목도 끌고, 새로운 시장이 될 거라 믿었다.

그리고 며칠 지나지 않았는데도 매출만 보고 나는 깨달았다. 디자인도 예쁘고 구색도 다양했지만, 소비자들은 제품을 찾지 않았다. 한국인의 입맛에 맞춰 준비했음에도 소비자들은 이 제품을 낯설어했다. 결국 출시한 지 얼마 지나지 않아 시장에서 서서히 철수해야 했다.

실패한 기획자만이 얻을 수 있는 것

내가 고려하지 못한 것은 한국인들의 소비 심리였다. 메뉴에 '아무거나'가 있고, 자주 가는 식당에 '오늘의 메뉴'가 있는 이유가 뭘까? '한국인은 바쁘게 사느라 정해진 것을 먹는 것에 편리함을 느끼고 있는 건 아닐까?' 싶었다. 또한 한국인들에게 냉면은 냉면다워야 하고 우동은 우동다워야 했다. 잘 만들어진 큼직한 포장지에 우동면과 소스와 가쓰오 고명이 들어있거나, 시원한 디자인의 냉면 포장지에 면발과 시원한 동치미 육수가 정확히 들어있어야 소비자의 선택을 받을 수 있었다.

한국인과 일본인의 식문화와 성향 차이를 인식하지 못한 시도는 뼈아픈 결과를 만들었고, 해외 시장 벤치마킹 상품으로 남들보다 빠른 시장을 만들겠다는 욕심은 빠르게 식어갔다. 다행히 회사 내에서 질책하거나 문제 삼는 분위기는 없었지만, 나는 다시 한번 시장과 소비자를 명확히 읽어내는 것의 중요함을 깨달았다. 예전에 선배가 내게 해줬던 말이 떠올랐다.

"상품기획자는 트렌드를 너무 빠르게 읽지도 늦게 읽지도 말아야 해. 딱 반 보 정도 빠르게 읽어야 히트 상품을 만들 수 있어."

나는 반 보가 아니라 두세 보 빠른 트렌드를 한국에 접목하려고 했던 것이다.

F&B 사업은 라이프스타일을 리드하는 것이 중요하고, 그것은 소비자의 삶을 이해하고 파고들어야 하는 일이다. 소비자가 원하는 것이 무엇인지, 그들은 어떻게 살고 있는지, 그들의 일상 속에서 어떤 불편함이 있고 어떻게 그것을 해결해줄 수 있는지를 정확히 파악해야 한다. **혁신적인 아이디어도 중요하지만, 아이디어가 소비자의 현실과 맞아떨어져야 비로소 의미가 생긴다.**

기획자는 실패할 수 있다. 하지만 그보다 더 중요한 것은 실패를 통해 무엇을 배울 것인가다. 실패는 단순한 좌절이 아니라 성공으로 가는 징검다리이다. 그 징검다리 위에서 나는 비로소 소비자의 진짜 목소리를 들어야 함을 깨달았다.

/
푸드 스타트업의 생존 전략
/

"오늘 점심은 뭘 시킬까?"

직장인들이 매일 하는 이 고민 속에 수백 개의 푸드 브랜드가 경쟁하고 있다. 그중 얼마나 많은 브랜드가 내년에도 살아있을까?

푸드 스타트업 경영고문과 F&B 전략 컨설팅 대표로서 많은 분들과의 만남을 통해서 나는 흥미로운 패턴을 발견했다. 성공하는 회사와 실패하는 회사의 차이는 자본 규모나 아이템의 참신함에 있지 않았다. 그보다 훨씬 근본적인 것이었다.

대기업에 밀리지 않는 스타트업

스타트업의 경우 대체로 대표의 결단력이 곧 회사의 속도였다. 그것은 초기 사업 성장의 가장 큰 매력이자 위험이 될 수도 있다. 새롭게 창업을 시작한 대표는 대체로 열정적이고, 직원들은 에너지와 활력이 넘친다. 의사 결정은 빠르게 이루어지고, 새로운 시도를 망설이지 않는다. 그러나 이 에너지는 강력하지만, 방향 없이 확장될 때는 언제든 위기가 될 수 있다.

대기업부터 중견기업, 그리고 스타트업까지 다양한 조직을 경험하며 느낀 점을 한 줄로 요약하자면 이렇다.

'대기업은 시스템이 일하고, 중견기업은 임원과 리더가 일하며, 스타트업은 대표가 모든 걸 한다.'

누가 얼마나 주도적으로 움직이느냐에 따라 기업의 구조와 리듬이 완전히 달라진다는 뜻이다.

대기업은 축적된 데이터와 시스템이 자산이다. 매달 도착하는 리서치 자료, 정교한 실적 분석, 채널별 성과 지표가 전략의 기초가 된다. 그 안에서 일할 땐 데이터 분석의 힘을 잘 체감하지 못했다. 숫자만 훑고 넘어가거나, 팀원들에게 정리를 부탁했다. 하지만 지금 돌아보면, 그 데이터가 회사를 움직이는 숨은 근육이었다.

중견기업은 시스템과 네트워크가 존재하지만, 해석과 실행은 개인의 역량에 크게 좌우된다. 대표나 핵심 임원의 성향이 회사의 분위기와 방향을 만든다. 역량 있는 임원과 리더가 있으면 조직이 활력을 띠며 성장을 하고, 그렇지 않으면 정체된다.

스타트업은 말 그대로 대표가 전부다. 초기에 불타는 열정으로 속도를 내고, 투자금이 돌고 있는 동안은 활력도 넘친다. 하지만 자원이 마르면 곧 위기가 찾아온다. 대부분 직관과 추진력으로만 사업을 확장해왔기에, 시스템 없이 버티는 힘이 부족하다. 내가 고문으로 참여했던 한 마케팅 대행사는 타사의 문제점은 예리하게 진단하면서도, 정작 자기 조직은 냉정하게 들여다보지 못하기도 했다. 생존이 우선이다 보니, '자신의 문제'를 되돌아볼 여유가 없었던 것이다.

그렇다면 푸드 스타트업이 살아남기 위한 조건은 무엇일까?

푸드 스타트업이 살아남기 위한 조건

첫째, 뾰족한 컨셉으로 기억되어라. 브랜드는 거창한 것이 아니다. '왜 이 브랜드여야만 하는가'를 명확히 말할 수 있을 때 브랜드는 존재한다. 단순한 빵집도 주인이 매일 새벽에 나와 직접 반죽을 한다면 다르다. 무첨가 원료를 고집하거나, 포장 디자인 하나만 달라도 소비자는 눈치챈다.

친구 중에 꽃집 사장님이 있었다. 그 친구는 화분을 사면 그 위에 색감이 예쁜 돌을 하나씩 얹어주었다. 화분을 사러 왔던 고객들은 이니셜이 박힌 예쁜 돌에 기분이 좋아져서 이후에도 꾸준히 친구의 꽃집을 찾곤 했다. 친구의 꽃집은 금방 입소문이 났고, 단골들이 생겼다. 돌 하나는 다른 꽃집과 작지만 명확한 차별화를 이뤄냈다.

많은 창업자가 "우리는 아직 작아서 뭘 할 수가 없다"라며 브랜딩에 소극적이다. 하지만 오히려 작은 브랜드일수록 더 뾰족하게, 더 진심으로 고객에게 다가갈 수 있다. 요즘 소비자들은 덜 포장된 진심, 덜 세련된 진정성에 끌린다. 고객은 '맛'이 아니라 '이야기'를 기억한다. 어떤 재료로 만들었는지가 아니라, 그 브랜드가 왜 그 제품을 만들게 되었는지를 기억한다.

둘째, 데이터로 자신을 냉정하게 진단하라. "분석할 시간에 영업이나 하자"는 말이 조직 문화가 되는 순간을 경계해야 한다. 상품이 여러 개라면, 어떤 제품이 어떤 채널에서 수익을 내는지를 명확히 알아야 한다. 매장이 있다면, 실적이 떨어지는 곳은 왜 그런지 반드시 따져야 한다. 시험을 보고 틀린 문제를 다시 보지 않으면, 다음 시험에서도 틀린다. 스타트업도 똑같다. '왜?'라는 질문을 게을리하는 순간부터 비효율이 쌓이고, 불필요한 인력이 늘며, 수익은 떨어질 수밖에 없다.

셋째, 고객과 눈높이를 맞춰라. 좋은 제품을 만들었는데 마케팅을 못해 묻히는 안타까운 경우가 얼마나 많은가. 지방의 맛집, 정성이 깃든 소규모 브랜드조차 SNS를 활용하지 않으면 세상에 존재하지 않는 거나 마찬가지다.

이제는 대표가 자신의 이야기를 직접 말하는 시대다. 작은 브랜드가 대기업 브랜드처럼 보이려고 할 필요는 없다. 창업 스토리와 기업의 철학을 진정성 있게 풀어내고 진심을 다해 소비자와 소통하는 것은 브랜드의 무기다.

나는 많은 스타트업의 흥망성쇠를 지켜봤다. 살아남은 브랜드는 예외 없이 앞의 세 가지를 지켰다. 자신만의 색깔을 버리지 않았고, 데이터를 통해 스스로를 날카롭게 진단했으며, 고객과 눈높이를 맞추는 것을 멈추지 않았다. 그들의 생존 비결은 자본도, 인력도, 화려한 마케팅도 아니었다. 그것은 본질에 충실한 기획력, 꾸준한 실행, 그리고 진심이었다.

경쟁이 치열한 푸드 시장에서 살아남는 것은 결국 '왜 우리인가'에 대한 명확한 답을 갖고, 그 답을 데이터로 검증하며, 고객에게 진심으로 전달하는 것이다. 복잡해 보이지만, 가장 기본적인 것들이다. 그 기본을 지키는 브랜드만이 내년에도, 그 다음 해에도 우리 곁에 남아있을 것이다.

/
AI 시대, 기획자의 여정은 계속된다
/

30년간 푸드 상품기획을 하고, 마케팅 서적을 출간하고, 기업과 대학교에서 강의를 하는 나에게 누군가 물었다.

"기획자가 시장에서 감각을 지키면서 살아남으려면 무엇이 필요할까요?"

수많은 히트 상품과 실패작들, 변화하는 시장과 진화하는 소비자들, 그리고 이제 AI라는 새로운 동반자까지. 이 모든 변화 속에서 기획자가 가져야 할 본질적인 능력은 무엇일까?

좋은 질문에서 좋은 답이 나온다

첫 번째, 질문하는 능력이다. AI 시대에 우리가 갖춰야 하는 가장 중요한 능력은 바로 WHY, 왜를 묻는 것이다. 그것도 잘 물어야 한다. 똑똑한 AI도 어떤 프롬프트를 사용하느냐에 따라 놀라울 정도로 다른 답변을 내놓는다. 결국 내가 가진 질문의 양과 질만큼 내 업무의 성과도 비례해서 성장할 것이다.

기획자의 질문은 자신이 하고 있는 일의 본질에 대한 시각과 정확히 비례한다. 신규 시장에 진입하는 기획자라면 왜 그 시장이 생성되어야 하는지를 물어야 하고, 매출이 정체된 사업이라면 왜 성장이 멈췄는지에 대한 본질적인 질문을 던져야 한다. 열심히 하고 있는데 성과가 나오지 않는다면 내가 일하는 방식 자체에 의문을 가져야 한다.

스타트업 자문을 한 지 3개월쯤 지났을 때 대표님은 내게 말했다.

"고문님은 질문을 참 잘하시는 것 같아요."

한편으로 기분이 좋았고, 그걸 알아주는 대표에게 고마웠다. 정기적으로 회사에 와서 직원들과 질문하고 대답하는 과정에서 그들은 자신이 무엇을 모르는지, 어디로 가야 하는지를 알아가고 있다고 했다.

옳은 질문은 본질을 파악하는 힘에서 나온다. 스타트업이 성장과 수익을 목표로 한다면 성장의 발목을 잡는 것이 무엇인지 질문해야 한다. 단순히 "제품의 수익성을 올려보자"라고 하기보다는 수익성이 왜 올라가지 않는지에 맞는 질문과 과제를 선정해야 하는 것이다.

작은 기업은 하루에도 여러 가지 일이 벌어진다. 하지만 옳은 질문은 그 여러 가지 일 속에서도 다시 옳은 일로 돌아와 집중하게 하는 힘이 있다. 질문은 답을 하는 과정에서 스스로의 부족함을 찾는 길이 된다. 직원들에게 강요하고 지시만 하는 리더는 조직을 성장시키지 못한다. 리더들은 옳은 질문으로 구성원들이 생각하게 하고, 바쁜 일에서 중요한 일로 돌아오게 하는 힘을 길러야 한다.

질문을 잘하는 기획자는 AI 시대에 누구보다 좋은 도구를 통해 성과를 만들 것이다. 반대로 질문이 없는 사람들에게는 AI가 아무런 필요가 없다. 궁금하지 않기에 답을 줄 도구도 필요하지 않기 때문이다.

AI와 더불어 살며 배우는 자세

AI 시대의 기획자에게 필요한 두 번째 능력은 학습능력이다.

사람보다 똑똑한 기계를 옆에 두고 살게 되는 우리는 이제 방대한 데이터를 외울 필요가 없다. 계산도 AI가 해줄 것이고, 발품과 손품을 팔아서 얻어야 했던 정보들은 손쉽게 우리 손에 들어올 것이다. 그럼에도 불구하고 기획자는 스스로 학습하는 능력을 길러야 한다.

히트 상품이 업계를 불문하고 세상에 쏟아질 때, 성공 방식을 이해하고 학습하는 힘은 여전히 중요하다. 통찰은 학습에서 나오기 때문이다. AI가 데이터를 보여줄 순 있어도 그걸 학습하는 건 인간의 몫이다. 내가 학습하고 배우고 머릿속에 채워둔 지식은 아이러니하게도 AI 시대에 더욱더 필요해진다.

정기적인 트렌드 리포트를 읽고, 베스트셀러의 패턴을 파악하고, 성공하는 드라마의 성공 공식을 찾으려 애써야 한다. 타 산업의 성공 사례는 의외로 내가 하고 있는 사업, 내가 맡고 있는 브랜드에 연결되기도 한다. 성공한 사람은 왜 성공하는지, 성공한 제품은 어떻게 그렇게 되었는지를 파악하는 것은 기획자의 기본기가 된다.

인문학을 공부하고 역사를 공부하고 리더십을 공부하다 보면, 결국 그 모든 학습 능력이 내 상품기획의 원동력이 된다. '아는 만큼 보인다'는 기본 명제에 충실하게 하루 하나의 정보를 내 것으로 만들고, 나이가 들어도 꾸준히 학습한다면 우리는 꾸준히 살아남는 히트 상품 기획자가 될 것이다.

이 책을 쓰면서 나는 깨달았다. 기획자로 살아간다는 것은 결국 끊임없이 질문하고 끊임없이 배우는 여정이라는 것을. 시장은 변하고 소비자는 진화하며 기술은 발전한다. 하지만 그 모든 변화의 중심에서 본질을 꿰뚫는 질문을 던지고, 그 답을 찾기 위해 학습하는 자세만큼은 변하지 않는다.

30년 전 처음 기획자가 되었을 때도, 지금도, 그리고 앞으로도 마찬가지일 것이다. 좋은 기획자가 되는 비결은 멀리 있지 않다.

매일 하나씩 더 좋은 질문을 하고, 매일 하나씩 더 배우려 노력하는 것. 그것이 전부다.

  이 책을 읽고 있는 독자들도 그 여정에 함께하길 바란다. 질문하고, 배우고, 성장하는 기획자의 길을. 그리고 그 길 위에서 만날 히트 상품들과 함께 하기를 진심으로 바란다.

에필로그 :
작은 꿈들이 만드는 큰 변화

9개월 동안 글을 쓰고, 고치고, 다시 쓰는 과정을 반복하면서 스스로에게 물었다. 나는 왜 이 책을 쓰는가? 마케터들과 스타트업 대표들에게 경험과 노하우를 전하는 것만이 이유의 전부일까? 내용이 완성되고 편집이 멋지게 다듬어질수록, 오히려 더 근본적인 질문이 떠올랐다. 책 하나로 과연 무엇이 바뀔까?

대기업에서 오랜 시간 근무하고 임원으로 일하다가 작은 스타트업의 자문을 하게 되면서, 비로소 답을 찾았다. 나는 작지만 강한 기업의 꿈을 현실로 만드는 일을 하고 싶었던 것이다.

대한민국 곳곳에서 만나는 창업가들의 이야기는 모두 비슷하다. 가장 맛있고 가장 건강한 식품을 만들겠다는 뜨거운 열망을 품고 있지만, 그 마음을 어떻게 전략으로 만들고 소비자에게 전달할지 막막해한다. 그 답답함을 풀어주는 일이야말로 더 나은 세상을 만드는 일이 아닐까?

20년 전, 한 잡지사 인터뷰에서 했던 말이 문득 떠올랐다. "저는 혁신적인 기획으로 세상을 깜짝 놀라게 할 겁니다." 그때는 그저 젊은 마케터의 패기였지만, 지금 생각해 보니 그 꿈이 조금씩 현실이 되고 있는지도 모른다.

최근 제주도에서 우유를 만드는 한 목장 대표를 만났다. 2대째 목장을 운영하며 백여 마리가 넘는 소를 자연방목으로 키우고, 저탄소 축산을 실천하기 위해 애쓰는 분이다. 비싼 비용이 들어도 직접 만든 사료를 먹이는 이유는 단순했다. 좋은 것을 먹은 소가 좋은 우유를 만든다는 신념 때문이었다.

이런 분들이 세상에 얼마나 많을까? 열심히 농작물을 키워도 판로를 찾지 못해 희망을 잃어가는 농민들, 좋은 제품을 만들어도 소비자에게 닿지 못해 고민하는 소상공인들. 이분들의 이야기를 들으면서 깨달았다. 내가 쌓아온 오랜 상품기획과 브랜드 마케팅 경험이 바로 이런 분들에게 필요한 것이라는 사실을. 그들과 함께 꿈을 이루고 싶다는 마음이 자연스럽게 생겨났다.

이제야 깨달았다. 이 책이 그런 분들에게 닿아서 세상이 조금 더 다양하고 풍요로워지기를 바라는 마음, 그것이 이 모든 일의 시작이었다.

먹고사는 것은 인생에서 가장 소중한 가치 중 하나다. 자연 가까이에 있는 것들을 먹고, 자연으로 돌아가는 일은 가장 의미 있는 삶의 이유일지도 모른다. 지금 컨설팅하는 스타트업에서 '건강하게 먹는 것은 최상의 나를 만나는 것'이라는 카피를 직접 만들면서, 나 자신도 그렇게 살고, 그런 세상을 만들기 위해 노력하고 싶다는 마음이 더욱 커졌다.

작은 목장의 꿈, 시골 농부의 소망, 골목 상점의 열정. 그들의 작은 꿈들이 모여 큰 변화를 만들어 낸다. 이제 소비자들은 진짜 가치를 알아보는 눈을 갖게 되고, 만드는 사람들은 정당한 대가를 받으며, 우리 모두 더 건강하고 지속 가능한 삶을 살 수 있게 될 것이다. 그 변화의 한복판에서 작은 역할이라도 할 수 있다면, 그것이야말로 내가 20년 전에 품었던 '세상을 깜짝 놀라게 하는 일'의 진짜 의미일 것이다.

끝까지 이 글을 읽으며 함께해 준 독자님들께 진심으로 감사드린다. 여러분도 각자의 자리에서 작은 변화를 만들어가는 주인공이 되기를 바란다. 우리 모두의 작은 노력들이 모여 더 건강하고 아름다운 세상을 만들어가기를 간절히 희망한다.

팔리는 기획, 살아남는 브랜드

초판 1쇄 인쇄 2025년 10월 30일
초판 1쇄 발행 2025년 11월 6일

지은이 이주은
펴낸이 유정연

이사 김귀분
책임편집 황서연 기획편집 신성식 조현주 유리슬아 정유진 디자인 안수진 기경란
마케팅 반지영 박중혁 하유정 제작 임정호 경영지원 박소영

펴낸곳 흐름출판(주) 출판등록 제313-2003-199호(2003년 5월 28일)
주소 서울시 마포구 월드컵북로5길 48-9(서교동)
전화 (02)325-4944 팩스 (02)325-4945 이메일 book@hbooks.co.kr
홈페이지 http://www.hbooks.co.kr 블로그 blog.naver.com/nextwave7
출력·인쇄·제본 상지사 용지 월드페이퍼(주) 후가공 (주)이지앤비(특허 제10-1081185호)

ISBN 978-89-6596-769-9 03320

- 이 책은 저작권법에 따라 보호를 받는 저작물이므로 무단 전재와 복제를 금지하며, 이 책 내용의 전부 또는 일부를 사용하려면 반드시 저작권자와 흐름출판의 서면 동의를 받아야 합니다.
- 흐름출판은 독자 여러분의 투고를 기다리고 있습니다. 원고가 있으신 분은 book@hbooks.co.kr로 간단한 개요와 취지, 연락처 등을 보내주세요. 머뭇거리지 말고 문을 두드리세요.
- 파손된 책은 구입하신 서점에서 교환해 드리며 책값은 뒤표지에 있습니다.